500년 전의
조선 사람들,
팬데믹에 할퀴다

500년 전의
조선 사람들,
팬데믹에 할퀴다

초판 1쇄 인쇄일	2025년 11월 19일
초판 1쇄 발행일	2025년 11월 26일
기 획	한국국학진흥원
지은이	이경록
펴낸이	한선희
펴낸곳	국학자료원 새미(주)
	등록일 2005 03 15 제251002005000008호
	경기도 고양시 덕양구 권율대로 656 원흥동 클래시아 더 퍼스트 1519, 1520호
	Tel 02)442-4623 Fax 02)6499-3082
	www.kookhak.co.kr
	kookhak2010@hanmail.net
ISBN	979-11-6797-279-8 *94910
	979-11-6797-264-4 *94910 (세트)
가격	16,000원

ⓒ 한국국학진흥원 인문융합본부, 문화체육관광부

* 이 책의 한국어판 저작권은 한국국학진흥원과 문화체육관광부에 있습니다. 신저작권법에 의해
  보호받는 저작물이므로 무단 전재와 복제를 금합니다.

* 저자와의 협의하에 인지는 생략합니다.
  국학자료원 · 새미 · 북치는마을 · LIE는 국학자료원 새미(주)의 브랜드입니다.

이경록 지음
한국국학진흥원 기획

500년 전의
조선 사람들,
팬데믹에 할퀴다

국학자료원

책머리에

 한국국학진흥원은 2022년부터 문화체육관광부의 지원 아래 전통생활사총서 사업을 기획하였다. 이 사업은 전통시대 생활문화를 대중에게 널리 알리고자 해마다 20명의 생활사 전문 연구진을 섭외하여 추진해 왔다. 지난해까지 40종의 총서를 대중에게 선보였고, 올해도 다채로운 주제를 담은 20권을 발간하였다.

 한국국학진흥원은 국내에서 가장 많은 67만여 점에 이르는 민간 기록물을 소장하고 있는 기관이다. 대표적인 민간 기록물이라 할 수 있는 일기와 고문서는 당시 사람들의 일상을 세밀하게 이해할 수 있는 생활사의 핵심 자료이다.

 그동안 한국의 역사는 '조선왕조실록'이나 '승정원일기'와 같이 세계적으로 자랑할 만한 국가 기록물의 존재로 인해 중앙을 중심으로 이해되어 온 경향이 있다. 반면 민간의 일상생활에 대한 이해와 연구는 상대적으로 덜 주목받은 것도 사실이다. 다행히 한국국학진흥원은 일찍부터 민간에 소장되어 소실 위기에 처한 자료들을 수집하고 보존 처리하며 관리해 왔다. 나아가 이들 자료를 번역하고 심층 연구하여 대중에 공개했다. 이러한 민간 기록물을 활용하고 일반 대중에게 기여할 수 있는 효과적인 방법으로, '전통시대 생활상'을 생생하게 재현한 대중서로 집필하기에 이르렀다. 이는 일반인이 쉽고 재미있게 읽을 수 있는 전통생활사총서를 간행한 이유이기도 하다.

　총서 간행을 위해 일찍부터 생활사의 세부 주제를 발굴하는 전문가 자문회의를 개최하고, 전통 생활문화를 가장 잘 구현할 수 있는 핵심 키워드를 선정하였다. 인간의 생활을 규정하는 보편적 분류인 정치, 경제, 사회, 문화의 큰 틀 아래, 매년 각 분야에서 핵심적이고 흥미로운 키워드를 선정하여 집필 주제를 정했다. 이번 총서의 키워드는 정치는 '지방 수령의 생활', 경제는 '시장 경제와 화폐 유통', 사회는 '질병과 의료', 문화는 '여가생활'이다.

　각 분야마다 5명의 전공자로 집필진을 구성하고, 독자들이 어디서나 가볍게 들고 다니며 쉽게 읽을 수 있도록 다양한 사례를 풍부하게 담아달라고 요청하였다. 풍부한 사례 제시와 더불어 전문 연구자의 깊이 있는 시각을 담아 대중성과 전문성을 동시에 담보할 수 있는 것이 본 총서의 매력이다.

전문적인 서술로 대중을 만족시키기는 결코 쉽지 않다. 원고 의뢰 이후 5월과 8월에는 각 분야의 전공자를 토론자로 초청하여 2차례의 포럼을 진행하였고, 11월에는 완성된 초고를 바탕으로 대규모 학술대회를 개최하였다. 포럼과 학술대회를 통해 원고의 방향과 내용이 더욱 견고해지도록 점검하는 시간을 가졌다. 원고 수합 이후에는 각 책마다 전문가 3인의 심사 의견을 받았다. 출판사를 선정하여 수차례의 교정과 교열 작업을 거치며 완성도를 극대화했다. 책이 세상의 빛을 보기까지 꼬박 2년이 걸렸다. 짧다면 짧은 기간이지만, 2년의 응축된 시간 동안 꾸준히 검토 과정을 거쳤고, 토론과 교정을 통해 원고의 완성도를 높이기 위해 분주히 노력했다.

전통생활사총서는 국내에서 간행하는 생활사총서로는 가장 방대한 규모이다. 국내에서 전통생활사를 연구하는 학자 대부분을 포함하였다. 2024년도 한 해의 관계자만 연인원 백 명이 넘는 명실공히 국내 최대 규모의 생활사 프로젝트이다.

1990년대 이후 폭발적으로 증가했던 일상생활사와 미시사 연구에 대한 학계의 관심이 근래 들어 다소 소홀해진 상황이다. 본 총서의 발간이 생활사 연구에 활력을 불어넣는 계기가 되기를 기대한다. 연구의 활성화는 연구자의 양적 증가로 이어지고, 연구의 질적 향상 또한 이끌 것이다. 이는 전통문화에 대한 대중들의 관심 역시 증폭시키는 선순환을 만들어 낼 것이라 고대한다.

본 총서는 한국국학진흥원의 연구 역량을 집적하고 이를 대중에게 소개하기 위해 기획된 대표적인 사업 중 하나이다. 참여 연구자의 대다수가 전통시대 전공자이며 앞으로 수년간 지속적인 간행을 준비하고 있다. 올해에도 20명의 새로운 집필자가 각 어젠다를 중심으로 집필에 들어갔고, 내년에 또 20권의 책이 간행될 예정이다. 앞으로 계획된 총서만 100권에 달하며, 여건이 허락하는 한 이 소중한 작업을 지속할 예정이다.

대규모 생활사총서 사업을 지원해 준 문화체육관광부에 감사하며, 본 기획이 가능하게 된 것은 한국국학진흥원에 자료를 기탁해 준 분들 덕분이다. 다시 한번 깊이 감사드린다. 아울러 총서 간행에 참여한 집필자, 토론자, 자문위원 등 연구자분들께도 진심으로 감사 인사를 전한다. 책의 편집을 책임진 국학자료원에도 고마움을 표한다. 이 모든 과정은 한국국학진흥원 여러 구성원들의 노력이 있었기에 가능했다.

2025년 11월
한국국학진흥원 인문융합본부

차례

책머리에   4

1. 시작하며   11
이 책에서 다루는 내용   16
감염병, 전염병, 유행병, 팬데믹   19

2. 충격: 1524년 1월~8월   25
유행병의 최초 기록   27
현지의 백성들에 대한 조치   31
시신 매장   34
'관방關防'인 평안도   37
이지방의 여진족 축출 작전   40
평안도 군대의 출격   42
허공교 전투   45
여진족 축출 작전의 여파   48
전쟁·토목공사와 유행병의 상관관계   51
'관방'의 또 다른 의미 – 교류의 길목   55
입거 이야기 1 – 죄수와 전가입거全家入居   59

3. 확산: 1524년 9월~1525년 1월 65

내연內燃하는 유행병　　　　　　　　　　67
여제厲祭의 시행 – 누가 귀신을 가질 것인가?　71
수륙재와 초제의 폐지　　　　　　　　　76
고려시대의 유행병과 정부의 조치　　　　80
고려시대 민간의 유행병 대응　　　　　　84
악화하는 평안도 유행병　　　　　　　　87
유행병의 정체　　　　　　　　　　　　90
『간이벽온방』의 편찬　　　　　　　　　94
『간이벽온방』의 효과와 영향　　　　　　98
입거 이야기 2 – 입거민보다 많은 사망자　107

4. 폭발: 1525년 2월~10월 111

평안도를 텅 비게 만든 유행병　　　　　　113
하늘과 사람은 하나의 이치라는 천인상응론　118
감선철악을 철회한 중종　　　　　　　　122
백성들의 부담과 조선 정부의 부담　　　　127
감세減稅 논쟁 – 민생民生인가? 재정財政인가?　130

환자[還上] 감면의 딜레마	133
소방疏放 논쟁 − 차율次律인가? 정의正義인가?	137
억울한 형옥刑獄의 고통	140
국왕의 본심과 신료들의 본심	146
입거 이야기 3 − 결국, 백성	149

5. 평안도 유행병, 그 후   155

계속되는 일상 − 재해에 맞서는 조선	157
변모하는 일상 − 교화를 내세운 조선	161
강원도의 절부 이씨李氏	165
입거 이야기 4 − 5년 뒤의 평가	169

6. 마무리하며   173

참고문헌	181

1

시작하며

이 책은 지금으로부터 500년 전에 조선을 강타한 유행병에 관한 이야기다.

    이 사건의 최초 기록일은 조선 중종 19년 7월 7일, 양력으로 환산하자면 1524년 8월 6일이다. 평안도 관찰사인 김극성의 보고서가 국왕인 중종에게 도착한 날이다.

    보고서에는 용천 지역에 유행병이 돌아서 이미 670명이 사망했다는 급박한 내용이 담겨 있었다. 이 유행병은 이듬해 가을까지 평안도 전역과 황해도에 전파되었다. 유행병 사망자는 23,000명에 달했다. 중종 대의 인구는 400만 명 내외이므로 전 인구의 0.57% 이상이 사망한 사건이었다. 0.57%가 적은 수치일까? 현재의 남한 인구 5,000만 명에 대입한다면 무려 28만 5천 명 정도가 2년 만에 유행병으로 사망한 셈이 된다.

    최근 창궐한 코로나19와 비교해 보아도 중종 대의 유행병 피해가 얼마나 심각했는지 쉽게 알 수 있다. 전수감시가 시행된 2020년 1월 20일~2023년 8월 30일의 3년 8개월 동안 코로나19의 사망자는 35,605명이며, 인구 5,000만 명의 0.07%였다. 대강 따져봐도 평안도 유행병의 사망률이 코로나19보다 8배가량 높다.

조선 전기에도 유행병은 지속적으로 사람들을 괴롭혔다. 하지만 중종 대의 유행병은 그 피해가 유별나게 참혹했다. 평안도 전역에 여역癘疫이 퍼지는 바람에 백성들이 거의 다 죽었다는 말이 나올 지경이었다. 더욱이 유행병 기간도 짧게 끝난 것이 아니어서 발생 초기부터 따지면 거의 2년 정도로 길었다. 조선 전기의 대표적인 유행병 사례라고 말할 수 있다.

이 책에서는 유행병의 창궐 양상과 피해 범위를 시기별로 복원한다. 당시의 유행병을 입체적으로 이해하기 위해서 유행병의 발생 배경들을 포함하여 국왕, 신료, 백성들이 느꼈던 감정과 행동들을 충실하게 보여줄 것이다. 그런데 상식적으로 봐도 유행병의 피해 규모가 달라지면 그 대응방식 역시 달라져야 했을 것이다. 따라서 시기별로 강조점이 달랐던 유행병 대응방식들도 살펴보고, 그 대응방식의 변화가 어떤 의미인지를 생각해 보려고 한다.

그림 1
19세기에 제작된 《여지도(輿地圖)》에 실린 평안도 지도이다. 서울대학교 규장각한국학연구원 소장

이 책에서 다루는 내용

중종 19~20년, 그러니까 1524~1525년의 유행병 상황은 발생 지역과 피해 규모에 따라 세 단계로 구분된다. 1단계는 1524년 1~8월 평안도 서부에서의 유행병 발생이고, 2단계는 1524년 9월~1525년 1월 평안도 내륙으로의 유행병 확산이며, 3단계는 1525년 2~10월 평안도 전역에 걸친 유행병의 치성이다. 사망자 역시 눈덩이처럼 커졌음은 두말할 나위도 없다.

유행병 발생 초기에 조선 정부는 정형화된 조치를 실시하였다. 유행병이란 쉼 없이 유행하기 마련이었고, 조선에서는 이미 법제적인 대응책과 종교적인 대비책을 갖추고 있어서였다. 그러나 정형화된 대응책이라고 해서 그 대책이 완전히 고정되어 있던 것은 아니었다.

중종 대에 들어서는 조선 초기의 대응책이 변모된 모습을 띠게 되었다. 유행병 발생은 자연적인 현상이지만, 그 대응은 1500년대 조선사회의 성격을 반영하면서 전개될 수밖에 없었기 때문이다. 종교적인 대응이라고 하더라도, 중종 대에는 유교적인 대응이 강화되면서 불교나 도교적인 대비책은 약화되었다. 조선 정부에서 크게 신경을 쓴 부분은 유행병 발생 지역이 평안도였다는 점이다.

입거정책이 꾸준하고도 적극적으로 추진된 이유였다.

그런데 조선 정부의 관례적이면서도 살짝 변모된 조치에도 불구하고 유행병은 물러가지 않았다. 이전과는 다른 대응책이 요구되었다. 의료 영역에서의 새로운 대응이 바로 『간이벽온방簡易辟瘟方』의 출간이었다. 의서는 당시 지식 혹은 과학의 집약이므로, 『간이벽온방』에서 설명하는 유행병 원인과 치료법, 그리고 치료의 특징에 관심을 가질 필요가 있다. 하지만 의료적인 대응마저 완전한 효과를 보이지 않고 유행병 창궐 기간이 길어지면서 조선 정부 내에서도 어쩔 수 없다는 탄식이 이어졌다.

따라서 정치적인 차원에서 해결책을 모색하려는 움직임이 제기될 수밖에 없었다. 바로 천인상응론天人相應論의 강조였다. 민심이 곧 천심이어서, 민심이 악화되면 재앙이 발생한다는 주장이었다. 천인상응론은 유행병, 지진, 홍수, 가뭄과 같은 자연재해와 흉년이 발발했을 때 언제나 등장하는 이야기였다. 유행병 등의 원인을 논리적으로 설명하고 재해로 인한 사회의 위기를 정치 영역에서 해소하는 장치가 천인상응론이었기 때문이다.

하지만 지배층이라고 해서 천인상응론이 단일한 명제로 통일되어 있는 것은 아니었다. 천인상응론에 의지하더라도 국왕과 신료들은 각각 노리는 바가 달랐다. 위기의 순간에는 각자의 입장이 더욱 날카롭게 대립하기 마련이었다. 본문에서는 천인상응론의 구체적인 작동방식을 1524~1525년의 평안도 유행병이라는 실례를 통해 살펴본다.

미리 말해두자면, 이 책의 핵심 내용은 내가 이미 발표한 두 편의 논문에 담겨 있다.

이경록, 「조선 중종 19~20년의 전염병 창궐과 그 대응」, 『중앙사론』 39, 중앙대학교 중앙사학연구소, 2014(이경록, 『조선전기의 의료제도와 의술』, 역사공간, 2020에 재수록).

이경록, 「고려시대의 유행병 대응과 그 성격」, 『역사학보』 252, 역사학회, 2021.

감염병, 전염병, 유행병, 팬데믹

본문에 들어가기에 앞서 이 책 제목에도 보이는 질병 관련 개념들을 잠깐은 언급하겠다. 개념이란 게 단번에 이해하기가 참 어렵다. 추상의 공간에서 고유명사들을 재료로 삼아 이리저리 뼈대를 세운 논리의 구조물이 바로 개념이기 때문이다. 고유명사들의 나열이 번거롭게 느껴진다면 그냥 건너뛰어도 된다. 이 책에서는 주로 '유행병'이라는 용어를 사용하겠다는 내용이다.

우리 일상에서는 감염병과 전염병이란 단어가 흔히 혼용된다. 의학을 전공한 의사들조차 마찬가지였다. 최근에 와서야 두 용어는 개념상으로 구분되고 있는데, 요즘은 감염병이란 용어를 선호한다.

우선 감염병感染病, infectious disease은 병원체pathogen 즉 세균·바이러스·리케차·진균류 등의 미생물과 원충생물·기생충 등의 각종 기생생물이 인체에 침입하여 증상을 만들어내는 질환이다. 일반적으로 감염에는 매개생물vector이나 매개물vehicle이 필요하다. 예를 들면 말라리아균을 보유한 모기나 콜레라균이 묻어있는 음식 등이 그것이다.

감염된다고 해서 곧바로 감염병 환자가 되는 것은 아니다. 병원체가 숙주(인체)의 반응을 유발하지 않은 채 숙주 내에서 지속적으로 존재하는 집락 형성이 있어서이다. 숙주의 질병 저항력(방어능력)이 제대로 작동하는 경우에는 증상이 드러나지 않는 무증상 감염(불현성 감염)이 된다.

무증상 감염의 대표적인 사례로는 '장티푸스 메리'가 있다. 1869년 북아일랜드에서 태어나서, 15살 때 미국으로 이민을 온 메리 멜런Mary Mallon이라는 여성이다. 이 사람이 최초로 확인된 장티푸스 무증상 감염자였다. 즉 그녀는 장티푸스균을 가지고 있었지만, 장티푸스 증상은 전혀 나타나지 않은 채 건강한 상태를 유지하였다.

음식을 잘 만들었던 메리는 여러 집에서 요리사로 일하였는데, 1900년부터 1907년까지 일하던 집에서 수많은 사람들을 장티푸스에 감염시켰다. 공식적으로 밝혀진 것만 해도 53명에게 장티푸스를 감염시켰으며, 이 가운데 3명은 사망하였다.

계속 장티푸스 환자가 발생하자 역학조사가 실시되었다. 조사 과정에서 그녀는 강제로 병원으로 이송되어 검사를 받게 되었다. 예상대로 그녀의 대변에서 장티푸스균이 발견되었다. 살모넬라 타이피균Salmonella typhi이 일으키는 장티푸스는 주로 보균자의 대소변에 오염된 음식이나 물을 다른 사람이 섭취하면서 감염이 된다.

하지만 메리는 '자신은 아무런 이상도 없는데 왜 자기를 병균처럼 취급하느냐?'고 반발하였다. 여러 우여곡절을 겪은 끝에 그녀는 결국 사망할 때까지 병원에서 지내게 되었다. 그녀는 죽을 때까지도 자신이 장티푸스 보균자라는 것을 인정하지 않았다. 물론 무증상 감염이라고 하더라도 감염된 것은 분명하고, '장티푸스 메리'처럼 장티푸스균 같은 병원체는 주위에 전파된다.

한편 전염병傳染病, contagious disease은 숙주 즉 사람과 사람 사이에서 병원체가 직접 전파되어 나타나는 질환이다. 감기나 폐결핵이 쉬운 예이다. 특별한 매개체가 없어도 감기바이러스나 결핵균의 확산이 가능하다. 예전에 부르던 돌림병이란 단어는 전염병에 가깝다.

우리나라에서는 「전염병 예방법」을 전부 개정한 「감염병의 예방 및 관리에 관한 법률」(법률 제9847호)이 2010년 12월 30일부터 시행되면서 '감염병'이란 용어가 법적인 권위를 획득하였다. 이 법을 통해 사람들 사이에서 직접 전파되지 않는 말라리아 같은 질환까지도 감염병으로 포괄할 수 있게 되었다. 기존의 기생충 질환 역시 감염병의 범위에 포함되었다. 다시 말하면 감염병이란 개념은 비전염성 질환까지 아우르며, 전염되지 않더라도 감염은 가능하다.

최근에 와서 용어가 전염병에서 감염병으로 바뀐 데에는 '전염傳染'이라는 단어에 내포된 과도한 공포감도 한몫을 했다. 전염병이라는 범주에는 환자를 곧바로 위중하게 만들거나 생명을 크게 위협하지 않는 질환들도 포함되어 있다. 방금 말했듯이 우리가 흔히 걸리는 감기도 전염병이다. 치명률이 높지 않은데도 전염병이라는 표현 때문에 사람들이 지나치게 두려워하는 경향이 있었던 것이다.

그런데 개념들이 이렇게 바뀌는 현상에 주목하면, 이 지점에 인식의 틈새가 있음을 알 수 있다. 감염병은 박제된 동물처럼 고정된 것이 아니다. 우리나라의 「전염병예방법」(법률 제308호)은 1954년 2월 2일에 최초로 제정되었다. 이 글을 쓰는 현재, 2024년 1월 30일에 일부 개정된 「감염병의 예방 및 관리에 관한 법률」(법률 제20171호)이 2025년 7월 31일에 시행될 예정이다. 1954~2024년 현재까지 70년 동안 이 법률은 정확하게 90회가 개정되었다. 법정감염병에 대한 정의, 구분, 종류 등이 1년에 평균 1회 이상 바뀌고 있다는 점을 알 수 있다.

감염병에 해당하는 질병의 종류가 현재도 수시로 변동하고 있는데, 현재의 감염병과 과거의 감염병이 똑같을 리는 없다. 현재 제2급 감염병인 세균성 이질·한센병이나 제3급 감염병인 말라리아는 전근대에서도 흔한 질병이었다. 각각 이질痢疾·대풍라大風癩·학질瘧疾이라고 불렸다. 그러나 고려나 조선에서는 이 질병들을 감염병이라고 간주하지 않았다.

정반대의 경우도 있다. 전근대에는 고독蠱毒이라는 질병이 있었다. 맹독을 지닌 각종 곤충이나 뱀 같은 것들을 항아리에 채우고 뚜

껑을 닫아버린다. 이것들은 서로를 잡아먹기 시작하는데, 최후에 남은 한 마리에서 채취한 독毒이 바로 고독이다. 고蠱라는 글자의 형태가 '벌레들[蟲]이 그릇[皿]에 가득 들어 있다'라는 의미를 담고 있다. 이 독에 쐬면 사람이 죽기도 하고 제정신을 잃게 되기도 한다. 이러한 이유로 사람을 홀린다는 뜻의 고혹蠱惑에도 '고蠱' 자가 포함되어 있다.

이 고독을 전근대에서는 사람들 사이에서 전염되는 질병으로 판단하였다. 물론 현재는 고독을 질병으로조차 받아들이지 않는다. 이처럼 감염병이란 개념과 그 종류는 시대에 따라 상이하므로 이 책 제목으로 붙이기에는 조심스럽다.

또한 전근대에는 시기병時氣病이란 단어도 사용되었다. 시기時氣는 계절적인 질병 발생 요인에 주목하면서 질병 원인으로 나쁜 기운 즉 사기邪氣를 지목한 것이다. 예를 들자면, 겨울철의 차가운 기운인 한사寒邪로 인해 발생한다는 상한병傷寒病이 대표적이다. 한의학이라는 이론적인 배경이 전제되어야 등장하는 개념이다. 뿐만 아니라 시기는 질병의 전염성이나 전파력보다는 그 원인에 초점을 맞춘 표현이다.

따라서 이 책에서는 '유행병流行病, epidemic disease'이라는 용어를 주로 사용한다. 특정한 시기에 갑자기 폭증하면서 그 전파력과 치명률이 높았던 사례들을 다루기 때문이다. 유행병이란 한 지역사회나 집단에 평소에 나타나던 수준 이상으로 많이 발생하는 상태의 질병을 말한다. 이와 같은 유행 여부를 판단하기 위해서는 반드시 과거 발생 수준과 비교하는 과정이 필요하다. 아울러 전근대 기록에서는 급성 질병을 비롯한 천재지변의 충격파를 '유행流行'이라고 서술하고 있기도 하다.

  그리고 유행병과 비슷한 단어로 팬데믹Pandemic이 있다. 대개 팬데믹은 그 어원이나 영향력의 범위를 감안하여 '범유행汎流行'이나 '세계적世界的 대유행大流行'으로 번역한다. 특정한 질병이 전 세계로 전파되면서 확산되는 현상이다. 보통 집단면역이나 백신이 확보되지 않은 상태에서 벌어진다. 하지만 시간이 지나면 팬데믹은 점차 엔데믹Endemic, 즉 일상적으로 유행하는 풍토병으로 바뀐다. 우리가 경험했듯이 코로나19는 팬데믹 단계를 거쳐 3년여 만에 엔데믹이 되었다.

2

충격:
1524년 1월~8월

유행병의 최초 기록

1524년 7월 7일에 올린 김극성의 보고서 원문은 남아 있지 않다. 다만 『중종실록』 곳곳에 언급된 내용을 토대로 보고서 작성 경위와 그 내용은 재구성할 수 있다.

이해 여름 무렵 평안도 관찰사로 평양에서 근무하던 김극성에게 이상한 소문이 들려왔다. 압록강 하류 지역에서 괴질怪疾이 돌아 사망하는 백성들이 속출한다는 내용이었다. 김극성은 그 지역의 지방관들에게 이 소문의 사실 여부를 물었다. 정말로 의주와 철산 등에서는 괴질 사망자들이 보고되었다. 이 병에 걸린 사람들은 불과 며칠 만에 사망한다고 하였다. 용천에서 올라온 내용이 가장 끔찍했다. 괴질이 마구 번지면서 벌써 용천 백성 670명이 죽었다는 소식이었다.

깜짝 놀란 김극성은 급한 대로 국왕에게 보고서를 올렸다. 곧이어 추가 조사에 착수했는데, 맨 처음 전해졌던 소식보다도 상황이 나빴다. 김극성이 다시 작성한 상세한 보고서는 17일 뒤인 7월 24일에 국왕에게 도착하였다.

지난 3월 이후로 여역癘疫 때문에 죽은 의주의 백성은 687명이고, 철산의 죽은 백성은 169명이며, 용천에서는 지

> 난번 보고 이후로 죽은 백성이 39명이고, 곽산은 1월 이후
> 로 죽은 백성이 47명입니다.

최초의 감염자, 이른바 페이션트 제로patient zero는 찾을 수가 없었지만 누적된 사망자는 이례적으로 많았다. 의주·철산·용천·곽산에서 942명의 사망자가 생겼는데, 용천에서는 이미 670명의 사망자가 있었으므로 총 1,612명이 사망했다는 보고였다. 사망자 규모로 보면 용천이 709명으로 가장 많았고, 의주 687명, 철산 169명이었다. 〈그림 2〉에 나오듯이 압록강과 인접한 지역의 피해가 컸다. 이 괴질은 3월에도 환자들이 인지되었지만, 특히 곽산에서 사망자가 관찰된 이해 1월부터 시작되었다고 판단된다.

김극성의 보고서에도 적혀있듯이 당시에는 이 괴질을 '여역癘疫'이라고 표현하였다. 여역은 앞뒤 글자를 뒤집어 역려疫癘라고도 부른다. 원래 '여癘'는 제사를 받지 못하는 귀신을 가리키고, '역疫'은 마치 직역[役]을 수행하듯이 모든 사람들이 앓는다는 의미이다.

고려나 조선에서는 여역을 질역疾疫 혹은 역질疫疾이라고도 적었다. 질疾은 '질병疾病'이라는 뜻 외에도, 질주疾走라는 한자어에서 보이듯이 '빠르다[速]', '급하다[急]'라는 의미도 지닌다. 빨리 전파된다는 질병의 속성을 담고 있다. 피해 규모가 큰 경우에는 대역大疫이

그림 2
1524년 1~8월 유행병 발생 지역

라고도 불렀다.

따라서 여역·질역·대역은 모두 신속한 전파력과 심각한 파괴력을 뜻하는 일반명사이다. 현재의 개념으로 옮기면 치명률이 높은 유행병流行病에 해당한다. 병원체는 다르지만 1524년의 여역이나 요즘의 코로나19 모두 유행병이라고 한데 묶을 수 있다.

평안도의 유행병 피해를 보고 받은 중종은 아주 놀랐다. 맨먼저 드는 감정은 유행병 발생을 곧장 보고하지 않은 지방관들에 대한 괘씸함이었다. 중종은 피해가 막대한 지역의 지방관들에 대한 조사와 파직을 지시하였다. 용천군수 김의형金義亨, 의주목사 신옥형申玉衡, 철산군수 정경鄭璟이 그 대상이었다.

하지만 사태 수습은 이제 시작이었다. 국왕인 중종과 조선 정부의 신료臣僚들이 처리해야 할 일들은 따로 있었다. 크게 두 가지였다. 유행병에 시달리는 현지의 백성들에 대한 일반적인 조치, 그리고 유행병 발생 지역이 평안도이기 때문에 서둘러야 하는 조치였다.

현지의 백성들에 대한 조치

유행병이 막 창궐하던 7월 하순에 신상申鏛은 평안도를 여행하였다. 명나라에 사은사謝恩使라는 외교사절로 파견되었다가 귀국하는 길이었는데, 압록강을 건너 평안도를 거쳐야 한양으로 돌아올 수 있기 때문이었다. 그는 평안도의 유행병 상황을 다음과 같이 자세하게 묘사하였다.

> 소신小臣이 자세히 평안도 백성에게 들어보건대, 굶주림과 추위에 지친 사람들이 먼저 죽었고 부실富實한 사람과 품관品官 및 군호軍戶는 죽지 않았다고 했습니다. 이로써 헤아려보건대, 가난한 백싱이 병난兵難을 겪은 뒤로 굶주림과 추위에 시달려 더욱 쉽사리 병들어 죽게 된 것입니다.
> 또한 듣건대, 한 가구家口 안에서도 가장家長이 모두 죽자 노약자老弱者들이 더러 기어서 헤매다 죽었고, 더러는 아이들이 죽은 어미의 젖을 물고 죽기도 하였다니, 어찌 이런 불상사不祥事가 있을 수 있겠습니까?

평안도 관찰사로부터 유행병 발생을 보고받은 중종은 즉시 구제

救濟를 지시하였다. 유행병 소식은 승정원을 비롯하여 의정부, 병조, 호조 등에도 전달되었다. 신료들도 구체적인 대책을 마련하기 시작하였다. 유행병이 다른 고을로 계속 번져가므로 의술에 밝은 의관醫官들을 파견하여 치료하는 것이었다. 다음은 7월 7일에 첫 보고를 받자마자 중종이 김극성에게 지시한 기록, 그리고 7월 13일에 사헌부 건의를 받고 중종이 지시한 기록이다.

> 여러 가지로 구원하여 죽는 사람이 다시는 없게 하라. 사람이 죽은 집에는 산 사람이 있더라도 굶주릴까 걱정되니 구제하라.

> "평안도의 병은 그 형세가 그치지 않을 뿐더러 이웃 고을에 전염되므로 매우 염려스러우니, 뛰어난 의관 몇 사람을 가려 보내어 약을 가져가서 구완하게 하소서 (중략)" 하니, "용천 등의 고을에 의관을 보내어 구완하도록 하라. 또 마음을 다하여 구호하라는 뜻을 관찰사에게 지시하라."라고 전교傳敎하였다.

구제는 살아남은 사람들을 먹여 살리는 조치이고, 치료는 유행병에 걸린 환자들을 대상으로 하는 조치였다. 환자의 체력과 사망 사이의 연관성은 조선시대 사람들도 알고 있었다. 흔히 유행병에 걸렸을 때는 '굶주림에 지친 백성이 먼저 병에 걸려 죽는다'라고 말하였다. 조선 정부의 대응 가운데 굶주리는 백성들에 대한 구제 조치는 환자들의 질병 저항력을 강화시켰다. 조선시대 기록에서는 구제를 구휼救恤, 진제賑濟, 진휼賑恤, 구황救荒 등으로 표기한다.

아울러 환자들에 대한 치료를 강조하고 있었다. 유행병 보고 다음 날인 7월 8일 영의정 남곤南袞은 "무릇 우매한 백성이 의약醫藥을 모르고 귀신만 섬기므로 구완할 방도를 몰라서 이렇게까지 된 것이 아닌지 모르겠습니다."라고 이야기하였고, 중종 역시 7월 26일에 "무지한 백성이 의약을 모르고 한갓 음사淫祀만을 일삼는 것은 철저히 금해야 할 일이다."라고 경계하였다. 유행병에 걸리더라도 귀신에게 기도하지 말라는 소리였다.

그런데 의관 파견이나 약재 분배 같은 조치는 말할 것도 없고 구제 역시 조선 초기부터 익숙한 대응법이었다. 유행병 창궐시의 구제 규정은 이미 태조 대의 『경제육전經濟六典』과 태종 대의 『속육전續六典』에 실려 있었다. 실제로도 태종 대 이래로 기근과 질병이 발생한 서북면과 풍해도 등에는 의관을 파견하고 구제를 실시하였다. 세종 대에는 향소산, 십신탕, 승마갈근탕, 소시호탕 등의 유행병 치료제를 지방에 나누어 주기도 하였다.

시신 매장

유행병이 창궐하면 사망자가 발생하고, 그 시신은 매장이 필요하다. 중종 대 유행병에서 시신 매장을 지방관들에게 강조하는 기록은 1525년 이후에 매우 빈번하지만, 유행병 발생시부터 무연고 사망자의 매장 역시 진행되었을 것이다. 앞서 세종 대부터 유행병으로 인한 시신은 매장하도록 지침을 내렸다. 시신을 방치하면 '화기和氣'를 손상시킨다는 이유에서였다. 요즘 식으로 설명하자면 시신 매장 조치는 병원체 전파를 차단하여 유행병 억제에 효과적이었다.

그 결과 조선의 법령집인 『경국대전經國大典』에서는 매장과 치료 조치가 함께 규정되어 있었다.

> 귀후서歸厚署[관棺과 곽槨을 만들어 판매하고, 예장禮葬에 필요한 물품을 공급한다].

> 병든 사람이 오부五部에 신고하면 월령의月令醫를 보내어 치료해 준다. 가난하여 약을 살 수 없는 자에게는 관청에서 이를 지급하고 예조禮曹에 보고한다[지방은 그 지역 관청에서 치료약을 지급한다].

성종 대의 『경국대전』에서는 누구나 관청에 신고하여 치료받고 약을 얻을 수 있도록 규정하였다. 위 인용문에서 오부는 한양의 하부 행정단위로서 동부·서부·남부·북부·중부를 말하는데 현재 서울시의 각 구청 정도에 해당하며, 월령의는 병든 죄수들을 보살피기 위해 한 달 단위로 파견하던 의관들을 지칭한다.

감옥이나 지방에 의관을 파견하는 조치는 당시의 민심을 안정시켰다. 이미 문종 대에도 의관들의 유행병 치료 효과가 크다고 평가되었다. 나중인 명종 대의 기록이기는 하지만, 지방 사람들은 중앙에서 지급한 약을 앞다투어 먹었다. 중앙에서 지방으로 직접 나누어주는 치료약의 심리적인 치유 효과 역시 작지 않았음을 짐작할 수 있다.

물론 새해 종류에 유행병만 있는 것은 아니었으며, 다른 재해라고 해서 조선 정부에서 손을 놓고 있었던 것도 아니다. 평안도에서 최초의 유행병 보고가 올라온 직후인 7월 13일에는 함경도의 함흥·길주·단천·명천 등에서 홍수가 났다. 곡식은 손상되었고 사람들은 물에 빠졌다. 대표적으로 길주에서는 물에 떠내려간 가옥이 23채이고 익사자가 11명인 데다 토지는 침수되거나 모래로 뒤덮였다. 그 직전에는 가뭄이 문제였는데, 이번에 홍수가 더해졌으니 결국 흉년과 기근으로 이어졌다.

중종은 사상자 수를 살피고 재산 피해를 입은 사람들을 구황救荒하라고 함경도 관찰사에게 지시하였다. 구제는 백성들의 재해에 대한 일상적인 대응이었다.

이처럼 유행병 환자를 치료하고, 살아남은 사람을 구제하고, 사망자를 매장하는 일은 조선 팔도 어디에서 유행병이 창궐하더라도 공통되는 조치였다. 그렇다면 유행병 발생 지역이 평안도이기 때문에 취해졌던 별도의 조치들은 없었을까?

'관방關防'인 평안도

8월에 들어서도 간헐적이지만 유행병 사망자는 보고되었다. 사망자가 많았던 용천과 의주에서는 계속 백성들이 사망하였고 철산에서도 사망자가 꾸준히 나왔으나, 누적 사망자 추이는 낮아졌다. 하지만 인근의 다른 지역에서도 유행병 사망자가 발생하면서 유행병 범위는 조금 확대되었다. 바로 구성과 삭주였는데, 특히 구성에서 사망자가 많이 발생한 점이 도드라졌다.

크게 보면 유행병 사망자는 8월 중순 이후에 일단 소강상태에 접어든다. 따라서 1524년 8월 말까지가 유행병 초기 단계로 판단된다. 이 시기의 유행병 발생 지역을 표시하면 〈그림 2〉가 만들어진다.

〈그림 2〉에서 삭주 - 의주 - 용천 - 철산 - 곽산 - 구성으로 이어지는 교통로를 따라 유행병이 번지는 장면을 살필 수 있다. 당시 조선의 북부지역인 평안도와 함경도는 양계兩界라고 묶어서 불렀다. 양계 백성들의 거주 지역은 자연발생적으로 빼곡한 것이 아니라, 지방 교통로를 따라 설치된 목牧·부府·군郡 같은 행정단위와 진鎭·포浦·보堡 같은 군사 단위에 집중되어 있었다. 당시의 표현을 빌자면 "이곳 고을들은 다른 도道와 같지 않아서 일로一路를 따라 벌여 있고 사방에 이웃한 고을이 없었다." 양계 전체의 인구밀도는 낮았으나 교통로

주변의 인구밀도는 상대적으로 높았던 것이다. 유행병 역시 교통로를 따라 전파되면서 압록강 하류의 6개 지역을 물들였다.

문제는 이 6개 지역이 중국과 국경을 직접 맞대고 있다는 점이었다. 흔히 평안도는 '관방關防'이라고 불렸다. 군사를 곳곳에 배치하여 방어하는 임무를 맡았기 때문에 생긴 표현이었다. 세종 대에 이른바 4군6진四郡六鎭을 설치하면서 조선의 북쪽 국경은 크게 확장되었다. 새로 확보된 조선 땅에는 조선 백성들이 살아야 했다. 서둘러 평안도와 함경도로 백성들을 옮겨 살도록 만드는 사민정책徙民政策이 추진되었다.

예나 지금이나 터전을 옮기는 것은 쉬운 일이 아니다. 조선 정부에서는 농사를 잘 짓는 백성들을 이주시키면서 세금을 감면해주었다. 부유하고 착실한 백성들을 들여보내서 살도록 하는 일은 '입거入居'라고 하였고, 가구 단위로 부과하는 호역戶役을 감면해주는 정책은 '복호復戶'라고 하였다.

하지만 입거 대상으로 뽑히더라도 옮기지 않고 버티는 백성들도 상당히 많았다. 생업을 보전하기 위한 복호정책 역시 백성들이 요역徭役 부담으로 점차 힘들어하자 큰 의미가 없어졌다. 파산한 백성들은 다시 달아났다. 경흥 지역을 예로 들자면, 이주해왔다가 도로 달아난 백성들이 200여 명인데 찾을 수가 없었다. 심지어 평안도 군사들 가운데는 자발적으로 노비奴婢가 되는 사람도 있었다. 이들은 노비 주인을 따라 평안도에서 빠져나오려는 심산이었다.

그런데 이 유행병이 시작된 1524년에는 설상가상인 상황이 더해져 있었다. 당시 기록에서 아주 흔하게 등장하는 '여연閭延·무창茂昌의 야인野人' 이야기이다. 예를 들어 김극성의 보고를 받은 다음 날 중종은 '평안도 백성은 여연·무창에서 야인을 쫓을 때에 죽은 사람이 워낙 많은데, 이제 다시 유행병이 생겼으므로 변방의 일이 더욱 염려스럽다'라고 말하였다. 며칠 뒤인 7월 13일 사헌부에서는 평안도의 피해 상황을 다음과 같이 요약하였다.

> 용천에 여역이 크게 일어나 죽은 사람이 많고, 이제 그 병이 철산·의주 등에 만연합니다. 더구나 평안도는 여연의 야인을 쫓은 뒤로 매우 잔폐殘弊합니다.

야인이란 압록강 양쪽에서 살고 있던 여진족女眞族이고, 이 '여연·무창의 야인' 이야기는 몇 달 전에 실시된 조선의 대규모 군사작전을 가리키는 것이었다. 평안도의 모든 군사들뿐만 아니라 각 지역까지 엮어있던 사건이었다. 공교롭게도, 유행병이 시작된 1524년 1월의 일이었다.

이지방의 여진족 축출 작전

이지방李之芳(1466~1537)은 활을 잘 쏘는 것으로 유명한 무인武人이었다. 그는 23살이던 1489년(성종 20) 무과武科에 급제한 이래 평생을 장수로 살았다. 경상좌도 수군절도사나 전라우도 수군절도사를 지내면서 수군水軍 사령관으로 근무하기도 하였으나, 대부분은 북쪽의 변경을 맡았다. 두만강 유역, 그러니까 한반도의 북쪽 끝에서는 종성부사와 회령부사 등을 역임하면서 여진족과 싸웠다. 그는 최전선에서 직접 전투에 뛰어들어 적들의 목을 벤 적도 많았다.

1521년(중종 16) 이지방은 평안도 병마절도사에 임명되었다. 압록강 하류 지역에서 중강진에 이르는 긴 구역을 관할하는 사령관인 셈이었다. 평안도의 실정은 이미 꿰뚫고 있었다. 예전에 그는 의주목사를 지낸 적이 있는 데다 나중에는 의주성義州城의 수리와 대대적인 확장 공사에도 여러 차례 참여한 적이 있었다. 조정에서도 그가 국경 방비에 가장 적임자라고 인정하고 있었다.

이 무렵에 국경의 가장 큰 골칫거리는 4군四郡의 여진족이었다. 4군은 백두산 서남쪽에 자리 잡은 여연閭延, 자성慈城, 무창茂昌, 우예虞芮를 말한다. 현재의 중강진과 그 주변에 해당한다. 앞서 잠깐 말한 대로 세종 대에 국경을 확장하면서 이 4군을 설치하였다. 그러나 너무 멀리 떨어져 있는 탓에 세조 대에 들어서는 관리가 부실해졌다.

조선 정부의 관심이 소홀해지자 압록강 너머에서 여진족이 몰려들었다. 농사를 짓고 물고기를 잡으며 짐승을 사냥하기 위해서였다. 김주성합金朱成哈을 필두로 내친김에 눌러앉아 사는 여진족 거주민들도 계속 늘어났다. 군대를 동원하여 여진족을 쫓아낼 것을 이지방이 거듭 건의하게 된 배경이었다. 이지방은 여연과 무창의 지형地形을 지도로 그려서 중종에게 보고할 정도로 아주 강한 의욕을 보였다.

결국 중종은 신료들과 오랜 회의를 거쳐 여진족에 대한 군사행동을 결정하였다. 여진족을 아예 몰살하는 방안이나 여진족 추장들을 유인해서 한꺼번에 죽이는 방안도 검토되었으나, 여진족이 많이 사는 여연과 무창의 여진족 거주지를 모두 불태우고 국경 밖으로 몰아내는 선에서 그치기로 하였다. 이 작전을 위해 중종은 평안도 병마절도사의 임기가 만료된 이지방을 그대로 연임시켰다. 여진족이 생계를 포기할 수 없듯이 조선에서는 영토를 포기할 수 없었다.

평안도 군대의 출격

조정에서 정한 작전 개시일은 중종 19년 1월 6일, 양력으로는 1524년 2월 9일이었다. 평안도 군사들은 만포에서 출발하여 압록강을 넘어서 북쪽으로 진군할 예정이었다. 여진족에게 군사 시위를 벌이면서 국경을 넘지 못하도록 경고한 후에, 여연에 입성해서는 여진족의 마을들을 완전히 소각하기로 되어 있었다. 이에 맞춰 함경도 군사들은 삼수에서 출발하기로 했다. 이들은 갈파진과 후주를 거쳐 무창으로 진격한 후에 여진족의 마을들을 없앨 계획이었다.

중종의 명령을 받은 평안도와 함경도에서는 군사작전 준비에 돌입하였다. 지휘를 맡은 평안도 사령관은 당연히 이지방이었고, 함경도 사령관은 조윤손曺潤孫이었다. 평안도와 함경도의 각 지역에서 군사들이 소집되고 군마軍馬들이 끌려오고 창칼이 닦여졌다. 이 작전에는 12일에서 13일 정도가 걸릴 것으로 예상되었다.

드디어 1월 2일에 이지방은 6,000명가량의 평안도 군사를 이끌고 출전하였다. 당시 평안도의 군사가 총 13,000여 명이었으므로 엄청난 병력이 동원된 것이었다. 강계를 거쳐 만포에 도착한 이지방이 국경인 압록강을 넘은 날짜는 계획대로 1월 6일이었다.

하지만 기상 상태가 좋지 않았다. 눈이 잔뜩 내리면서 아주 추운

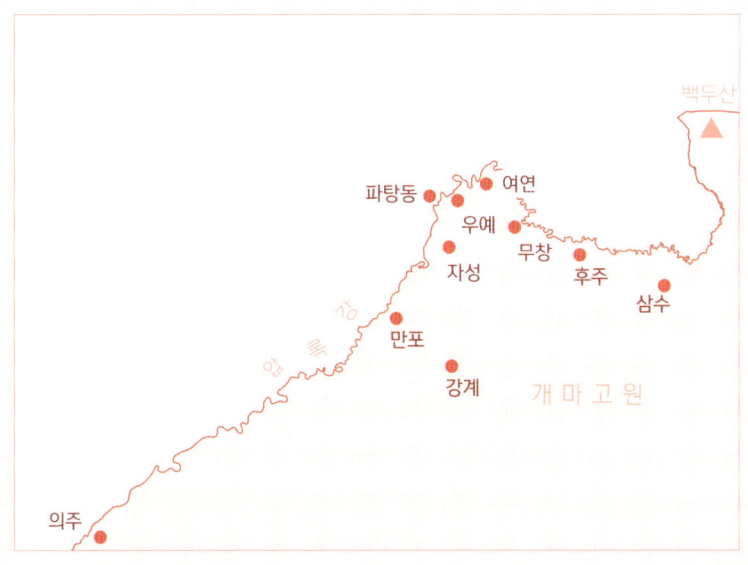

그림 3
평안도 여연·자성·무창·우예 4군의 위치

날들이 이어졌다. 군사들의 손발이 얼어 터지고 군마들이 병들거나 쓰러지는 일이 속출했다. 이지방은 동상凍傷에 걸린 군사들과 굶주려서 피폐해진 군마들을 가려내어 돌려보냈다.

평안도 군사들은 여진족 추장들을 회유하면서 북쪽으로 진군하여 1월 9일에는 자성군의 허공교虛空橋에서 숙영宿營하였다. 이 허공교는 길이 세 갈래로 뻗어 나가는 요충지이자 여진족이 출몰하는 곳이었다.

이튿날인 1월 10일에 이지방은 휘하의 군대를 둘로 나누었다. 먼저 이지방은 정예 군사 3,000여 명을 8대隊로 편제하여 자신이 이끌고 우예성虞芮城으로 이동하였다. 여연을 공격하는 임무를 맡은 주력부대였다. 동시에 이지방은 허공교에 기병·보병 2,000여 명을 남겨두어 원병援兵 역할을 맡겼다. 허공교의 군사들은 좌위장左衛將 이함李菡·중위장中衛將 한규韓珪·우위장右衛將 유홍柳泓이 나누어 지휘하였다.

1월 11일 우예성에서 출발한 이지방은 북쪽으로 압록강을 따라서 조명간趙明干으로 들어갔고, 다음날 마침내 여연의 아래 지역에 이르렀다. 이지방은 찾아온 여진족 추장들을 회유하는 한편 1월 13일에는 군사를 동원해서 여진족 마을을 모조리 불태운 후에 회군하기 시작하였다.

바로 이때였다. 이지방에게 허공교의 전투 소식이 전해졌다. 조선 군대가 심각한 타격을 입었다는 내용이었다. 그렇지 않아도 이지방은 여진족의 습격을 염려하던 중이었다.

허공교 전투

시간을 하루 전으로 되감으면, 1월 12일에 허공교의 지휘관인 이함은 상동구上洞口로 나갔다. 군마들에게 먹일 풀을 베어들이기 위해서였다. 이함은 갑옷과 투구를 착용하지 않고 전립戰笠만 썼을 뿐이었다. 거느린 군사도 18-19명에 불과하였다. 그전에 접촉했던 여진족 무리들이 머리를 조아리면서 애걸하자 얕잡아본 것이었다.

군사들이 풀을 베고 있을 때 상동구에 매복해있던 여진족 기병 100여 명이 기습 공격을 해왔다. 여진족 군사들에게 포위된 이함은 활을 쏴서 3명을 말에서 떨어뜨렸다. 이함은 4번째 화살을 쏘려다가 적의 화살에 맞았다. 말을 돌려 피하려던 그는 여진족이 뒤에서 칼로 치는 바람에 귀 뒷부분을 다쳤다. 한규가 급히 군대를 이끌고 도우러 오면서 전투는 더욱 커졌다. 이어서 먼 곳에 있던 유홍의 군대가 뿔나팔[角]을 불면서 몰려오자 여진족 기병들은 비로소 퇴각하였다.

일격을 당한 조선 군대의 피해는 컸다. 죽고 다친 군사가 50명 이상이었고 죽고 다친 말은 60-70필이었다. 구체적으로 강계의 군관軍官 김남해와 갑사甲士 전부성·전국보가 전사하였고, 한규가 거

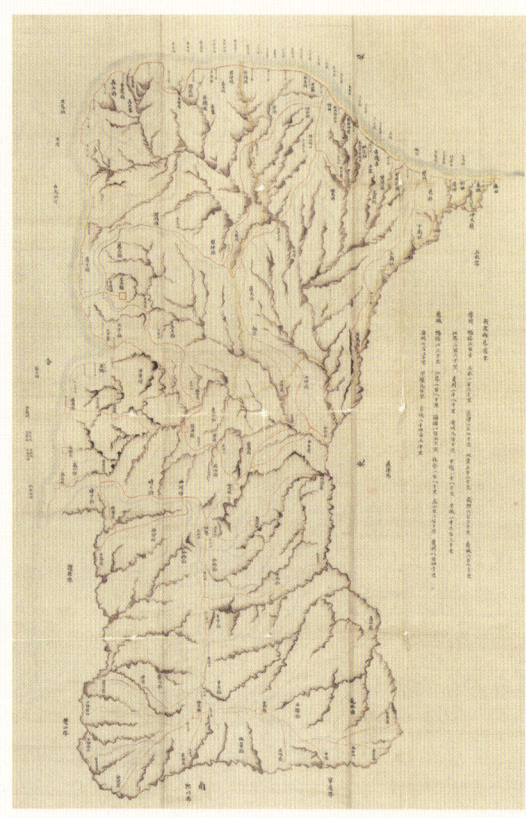

그림 4
1872년(고종 9)의 〈강계자성후창지도江界慈城厚昌地圖〉이다.
서울대학교 규장각한국학연구원 소장

느린 군사 4명도 사망하였다. 반면 전과는 여진족 군사 3명을 죽이고 14명을 사로잡는 데 그쳤다.

이 무렵에 여진족 이동아가 이끄는 군대 1,000여 명이 만포를 공격하려 하고, 건주위의 추장들도 공격을 준비하고 있다는 첩보가 들어왔다. 이지방을 응원하러 1월 14일 윗구外叱懼까지 왔던 평안도 관찰사 김극성은 급히 만포로 돌아갔다. 허공교의 전투를 들은 김극성은 곧바로 강계의 판관判官인 이경지에게 지녕괴地寧怪와 삼천기이三千岐伊 등을 점거하도록 지시하였다. 여진족 군사들을 압박하려는 의도였다.

허공교 소식을 접한 이지방은 조명간을 거쳐 철군을 서둘렀다. 이지방의 군대는 여진족의 기습을 피해 자성의 옛길로 우회하였다. 물론 귀환 과정에서 이지방은 여진족과 계속 전투를 벌이면서 그들의 마을을 불태웠다. 이어서 허공교로 돌아와서는 전사한 조선 군사들의 시신을 거둔 후에 자성으로 물러났던 것이다. 평안도 군사들이 완전히 귀환한 날짜는 1월 20일이었다.

한편 함경도에서는 총 6,500여 명의 군사 및 지원 인력과 말 5,000여 필이 동원되었다. 조윤손이 거느리는 군사 1,800여 명은 계획대로 1월 6일에 삼수를 출발하여 갈파지, 후주의 고미평, 어동구비, 봉포동을 거쳐 1월 10일에는 무창에 이르렀다. 함경도의 군사들 역시 이동하면서 여진족을 회유하는 동시에 무창에서는 여진족의 가옥 30-40채를 불태웠다. 1월 11일에는 회군하기 시작하여 1월 13일에는 삼수로 귀환하였다. 말 8필이 죽거나 다친 정도여서 평안도 군사들에 비하면 큰 피해는 없는 편이었다.

여진족 축출 작전의 여파

조선 정부에서는 이번 작전을 실패한 것으로 판단하였다. 이지방이 여진족의 반격을 피해 우회하는 바람에 원래 소탕할 예정이었던 여진족의 파탕동波蕩洞·고도동古道洞·여둔동餘屯洞 마을은 손도 대지 못하였다. 이 세 마을은 별도의 작전을 통해 2월 12일에야 소탕되었다.

또한 한양의 조정에서 파견했던 군대 감독관을 통해서 허공교 전투의 실상이 상세히 알려졌다. 이에 작전 지휘관들을 모두 처벌해야 한다는 목소리가 조정 내에서 높아졌다. 원래는 이지방을 비롯한 지휘관들의 노고를 위로하고 성과를 치하할 예정이었다.

결국 허공교의 지휘관들인 이함, 한규, 유홍은 체포되어 심문을 받았다. 이함의 전공戰功은 사실보다 과장된 것이었다. 패전의 책임을 지고 이함과 한규는 참대시斬待時 즉 사형을 선고받았다가 나중에 각각 웅천과 순천에 유배되는 것으로 감형되었다. 이지방 역시 의금부에서 조사를 받고 평안도 병마절도사에서 파직되었다.

한편 여진족 축출 작전 직후에 김안정金安鼎은 조사관으로 평안도에 파견되었다. 얼마 후에 복귀한 그는 이 작전에 동원된 평안도의 군사와 군마를 지역별로 보고하였다. 김안정이 미처 확인하지 못한 상원·중화·삼등·희천을 제외하면, 영변 등 29개 지역에서는 기병·보병 2,474명과 군마 2,995필이 징발되었다. 징발된 군사들 가운데 사망하거나 사로잡힌 자가 51명, 동상으로 다시 귀가한 자가 40여 명, 집결 시한 내에 도착하지 못한 자가 41명, 도망간 자가 15명, 여연에 들어가기 전에 사망한 자가 17명이었다. 군마는 357필이 죽고 48필을 잃어버린 것으로 파악되었다.

징발된 군사와 군마의 숫자를 계산해보면, 평안도의 1개 지역당 평균 100명 가까운 군사와 100필이 넘는 군마가 동원되었다. 각 지역의 입장에서는 적지 않은 부담이었다. 예를 들어 이해 가을 상원군祥原郡의 현황을 보면 맹인盲人과 독녀獨女를 포함해도 408호戶만이 남아 있다고 하였다. 맹인, 과부, 질병이 있는 호戶 등에서는 군사를 뽑을 수 없다. 게다가 군사를 징발할 수 없는 기관記官·서원書員이 13호이고 관노비官奴婢가 30여 호였다. 따라서 백성들이 이미 흩어져버린 상원군의 기록이라는 점을 감안하더라도, 연초에 상원군에서는 배정된 군사와 군마를 대는 일이 고역이었을 것이다.

그러나 군사작전을 추진하는 조선 조정의 명령 역시 확고했다. 각 고을의 많은 백성들이 무기를 들 수밖에 없었다. 평안도의 모든 지역에서 징발된 이들 군사와 군마들이 평안도 이곳저곳으로 몰려다녔다.

한마디로, 1523년 말에서 1524년 초까지의 몇 달 동안 평안도 전체가 한바탕 휘저어진 형국이었다. 군사들은 국경을 넘나들면서 여진족과도 직접적인 대면접촉을 벌인 후에야 귀환하였다. 여기에 덧붙여 함경도와 달리 평안도에는 다른 도道의 군사들이 들어가서 국경을 수비하고 있었다. 유행병이 쉽게 전파될 수 있는 여건이 갖춰지고 있었다.

전쟁·토목공사와 유행병의 상관관계

중종 대의 여역이든 현재의 코로나19이든 유행병이 창궐하기 위해서는 몇 가지 조건이 필요하다. 무엇보다 유행병을 일으키는 세균·바이러스 같은 병원체가 있어야 하는 것은 당연하다. 하지만 세균이나 바이러스의 존재만으로는 부족하다.

세균이나 바이러스는 사람에게 기생하므로 반드시 숙주에 해당하는 사람들의 몸도 필요하다. 게다가 다른 사람에게 쉽게 전파되려면 어느 정도 인구밀도가 높거나 교통이 발달해서 사람들 사이의 접촉이 빈번해져야 한다. 대규모 토목공사나 전쟁 등으로 인한 교통 촉진은 인구밀도가 증가하는 효과를 가져온다. 교통수단의 발달은 말할 것도 없다.

세균·바이러스의 잠복기나 치명률도 유행병 창궐에 영향을 미친다. 유행병은 인체 내에서의 잠복기가 길수록 쉽게 전파가 된다. 잠복기는 겉으로는 멀쩡한 시기인데, 잠복기 동안에 전염기가 일부 겹친다. 아직 증상이 나타나지 않은 상태에서 다른 사람에게 병원체가 전파될 수 있는 기간이다. 이때 병원체가 지닌 전파력도 환자의 증가 속도에 영향을 미친다.

반면에 치명률이 너무 높으면 숙주가 쉽게 사망하므로 오히려 병원체의 생존에는 불리하다. 쉽게 말해서, 유행병이 지나치게 악독해서 감염된 환자들이 곧바로 죽어버리면 세균이나 바이러스도 살아남을 수 없게 된다. 유행병 가운데 뉴스에 드물게 등장하는 에볼라 출혈열이 대표적인 사례이다.

에볼라 출혈열은 1976년 아프리카에서 처음 발견된 에볼라 바이러스Ebola Virus가 그 병원체이다. 그런데 아주 위험하지만 에볼라 출혈열이 전 세계적인 팬데믹이 되지 못한 이유들이 있다. 세계보건기구WHO를 필두로 하는 국제적인 공조, 철저한 검역과 격리, 백신 개발 등이 꼽힌다.

이 외에 팬데믹이 되지 못한 또 다른 이유는 에볼라 바이러스의 특성 때문이다. 이 바이러스의 치명률은 최대 90%에 이른다. 10명이 걸리면 9명이 죽는다. 무엇보다 이 바이러스의 잠복기는 8~10일이지만 짧을 때는 2일에 불과하다. 아프리카에 있는 소규모 마을에 한 번 나타나면 마을 사람들(숙주)을 순식간에 몰살시켜버리는 바람에 이 바이러스가 다른 곳으로 전파되지 못하는 것이다.

물론 시간도 유행병의 진행에 영향을 미친다. 사람들이 백신이나 집단면역을 통해 세균·바이러스에 적응하듯이, 세균·바이러스 역시 자신들의 변이 과정을 통해 점차 그 독성이 약해지면서 치명률이 낮아진다. 그래야 세균·바이러스도 자신들의 생존에 유리하기 때문이다. 일반적인 경향은 그러하다.

　1524년 1월 전후로 '여연·무창의 야인'을 쫓아내느라 벌어진 평안도 군사와 백성들의 움직임은 유행병이 창궐하는 결정적인 계기가 되었을 것이다. 인구밀도가 일시적으로 높아지면서 병원체가 급속히 주변으로 전파될 수밖에 없어서이다. 1월에 곽산에서 최초로 사망자가 발생하고 3월에 인근의 의주·용천·철산에서 사망자가 확인된 것은 우연한 일로 보기 어렵다. 앞에서 중종과 신료들이 평안도 유행병을 야인 축출과 연관 지은 것은 타당하였다.

　『중종실록』에 실린 사신史臣들의 논평을 통해서도 우리는 당시의 민심民心을 전해 들을 수 있다. 항간에서는 의주성을 보수하면서 사람들이 많이 얼어죽은 데다 강변에 있는 옛 무덤의 돌을 죄다 파다가 의주성을 쌓는 바람에 유행병이 생겼다는 소문도 있고, 또 여연 등의 전투에서 많이 죽은 군사·군마의 원기怨氣가 이런 재변을 불러왔다는 말도 흘러 다닌다고 적혀 있다.

　김안정이 보고한 평안도의 민심도 마찬가지였다. 평안도 백성들은 모두 여진족의 축출을 조정에서 주도한 조치가 아니라, 이지방이 제안하고 만포첨사 이성언李誠彦이 상소하여 벌어진 일이라 여기면서 이지방과 이성언을 매우 원망한다는 보고였다. 물론 정치적인 희생양을 찾는 과정에서 이지방과 이성언이 언급된 것이기는 하였으나 여진족 축출 작전이 1524년의 평안도 유행병에 끼친 영향은 실재하였다.

이러한 풍문에서 확인되듯이 조선시대 사람들도 전쟁·토목공사와 여역의 상관관계를 나름대로 인식하고 있었다. 예로부터 전해오는 표현으로 '여역_{癘疫}은 늘 큰 병란_{兵亂} 뒤에 일어난다'라는 말이 있다. 현대의 관점에서 이해하자면, 대규모 교류에 따른 인구밀도의 증가와 유행병의 상관관계이다.

'관방'의 또 다른 의미 – 교류의 길목

한국 영토사를 살펴볼 때 압록강 유역까지 국경을 확장한 시기는 고려 성종 대였다. 거란의 침입에 맞서 서희徐熙가 담판을 통해 이 지역의 지배권을 획득한 것이었다.

994년(성종 13) 고려에서는 거란으로부터 인정받은 압록강 동쪽에서 여진족을 몰아내고 성들을 새로 쌓기 시작하였다. 이곳을 압록강 동쪽의 6개 지역이라는 뜻에서 강동6주江東六州라고 부른다. 홍화진·용주·통주·철주·구주·곽주이다. 앞의 〈그림 2〉에 표시된 지역들과 대체로 겹치는데, 조선 건국 이후에도 압록강은 명나라와의 영토를 구분 짓는 관문關門이었다.

관문은 차단하는 역할도 하지만 이어주는 역할도 담당한다. 압록강 유역은 양국 사신의 왕래로 상징되는 교통로이자 다양한 물품의 매매가 꾸준하게 유지되는 교역로였다. 유행병이 발생한 조선 중종 대에도 마찬가지였다.

압록강을 넘어 중국으로 왕래하는 사신단의 명칭은 다양했다. 임무에 따라 정조사正朝使를 비롯하여 성절사聖節使, 진하사進賀使, 주문사奏聞使, 사은사謝恩使 등으로 나뉘었다. 왕래가 잦은 만큼 평안도 백성들의 부담도 컸다. 사신단 행차에는 정사·부사·서장관을 위시

그림 5

1572년(선조 5) 압록강을 건너온 명나라 사신이 첫 관문인 의주의 의순관義順館에 도착한 모습을 그린 〈의순관영조도義順館迎詔圖〉. 명나라 측의 대표는 한세능韓世能이었고, 조선 측에서는 정유길鄭惟吉이 원접사遠接使로 맞이하였다. 원래의 크기는 85cm×72cm로 추정되며, 현재는 다섯 조각으로 잘라 화첩畫帖 형식으로 제본되어 있다. 서울대학교 규장각한국학연구원 소장한 사람들만이 아니라 중국과의 공무역公貿易에 사용되는 정포正布 같은 물품들도 포함되었다.

물품 호송에 필요한 말은 평안도에서 징발했으며, 그 운반도 평안도 백성들이 직접 담당해야 했다. 담당하는 거리도 멀어서 압록강 너머의 역참인 동팔참東八站까지 운반해야 했다. 왕왕 사고도 발생했다. 1526년(중종 21) 1월에는 눈이 많이 쌓이고 식량마저 제대로 준비되지 못한 상태에서 정조사를 지원하느라 평안도의 군사 18명과 말 75필이 죽었다.

민간 교역 역시 의주를 중심으로 활발했다. 의주의 압록강 건너편에는 중국인들이 많이 살았다. 이들은 겨울이 되면 얼어붙은 압록강을 건너와서 의주의 조선인들과 물건을 사고팔았다. 이 교역에는 용천·철산 등의 백성들까지 합세하였다. 조선인들이 소나 말까지 거리낌 없이 도둑질해서 파는 바람에 의주 성안의 소와 말이 모조리 없어졌다는 말이 나올 정도였다. 붙잡힌 사람들 가운데는 국경을 방어하러 온 군사들도 끼어있었다. 이들은 자수하였다가 형장 아래에서 죽기도 하고, 일이 발각되자 도망가기도 하였다.

그런데 접경지에서의 교역이 순수하게 일반 백성들의 자발적인 행위만은 아니었다. 다른 도와 마찬가지로 평안도에도 국왕에게 올리는 진상품進上品이 배정되었다. 생록生鹿을 비롯하여 대록피大

鹿皮와 낭미狼尾 따위였다. 이런 진상품들을 제대로 준비할 수 없는 상황이라면 어떡해야 하는가? 평안도 백성들은 구입해서라도 바쳐야 했다.

진상품 구입은 얼음이 언 때에 압록강을 넘어가서 여진족에게 구매하는 방식으로 진행되었다. 작은 낭미의 가격은 면포 30-40필匹이고 큰 것은 60필이어서 값이 비싼 폐단조차 있었다. 교역 과정에서도 압록강 이쪽저쪽의 사람들이 지속적으로 접촉했던 것이다.

이처럼 전쟁·토목공사 외에도 사신단의 빈번한 왕래나 교역의 일상화 같은 교류의 증가는 유행병이 창궐할 여건이 되었다. 이 상황에서 바람에 날린 불씨처럼 유행병 병원체가 압록강 유역에 떨어지자 평안도에 불꽃을 일으켰다. 초기에 유행병 사망자가 눈에 띄게 많이 발생한 용천과 의주의 위치를 〈그림 2〉에서 짚어보면 이 유행병은 만주로부터 압록강 하류 지역을 넘어 유입되었을 가능성이 높다.

입거 이야기 1 — 죄수와 전가입거全家入居

군사작전과 유행병으로 타격을 입은 평안도 문제에 대해서 조선 정부는 국방의 관점에서 접근하였다. 국방의 관점이란, 쉽게 말해 관방인 평안도의 원래 상태를 회복하기 위해서 백성들을 새로 입거入居시키자는 입장이었다.

조선 정부에게 입거란 남쪽 땅의 조선 백성들을 북쪽 땅으로 옮기는 일이었다. 여진족도 다시 농사를 지으러 여연과 무창으로 돌아오는 상황이었다. 조선 백성들은 입거하면서 자신들의 토지와 집을 팔아서 이주 비용으로 써야 했다. 이 와중에 여진족과의 산발적인 전투가 계속 이어졌다. 조선 군사들은 여진족이 재배한 농작물을 불태워야 했다.

입거에 관한 최초의 기록은 7월 20일에 등장한다. 김극성의 자세한 보고서가 국왕에게 도착하기 나흘 전이었다. 중종이 이토록 서두른 직접적인 이유는 여연에서 쫓겨난 여진족이 분노하고 원망하면 반드시 전투가 벌어질 것이고, 평안도의 부족한 군사는 황해도의 군사로 메꿔야 해서였다.

물론 여진족과의 전투 대비 때문만은 아니었다. 앞서 말하였듯이 평안도 자체가 중요한 관방이므로 백성들을 억지로라도 채워 넣어야 한다는 말도 반복해서 나왔다. 유행병 발생 지역이 바로 평안도였기에 입거는 시급한 현안이 되었던 것이다. 7월 20일에 중종은 다음과 같이 죄수 선발을 지시하였다.

> 평안도는 여역으로 백성이 많이 죽었으니, 변방을 채우지 않을 수 없다. 그러나 억지로 들어가 살게 하는 것은 애매할 듯한데, 죄를 지은 사람을 먼저 들여보내면 백성에게는 원망이 없고 변방은 채울 수 있을 것이다.

입거를 담당하는 주무 부서는 병조兵曹였으나 영의정을 비롯한 신료들이 머리를 맞대었다. 죄수들은 물론이고 그 가족까지 포함하여 입거시킬 방안을 마련하라는 중종의 지시 때문이었다. 입거민 후보로 죄수 말고는 다른 선택의 여지가 많지 않았다. 우선 가벼운 죄를 지었더라도 무거운 처벌을 부여해서 입거민을 확보하되, 하삼도下三道 백성을 이주시키자고 의논되었다. 하삼도는 인구가 밀집된 전라도·경상도·충청도를 말한다.

여기에다 불효不孝·불우不友한 강상죄綱常罪를 범한 자나 유죄流罪(유배형)에 처해진 자들을 평안도로 입거시키자는 의견이 나왔다. 또한 중종은 비리非理로 송사하기를 좋아하는 자, 지방의 공물을 방

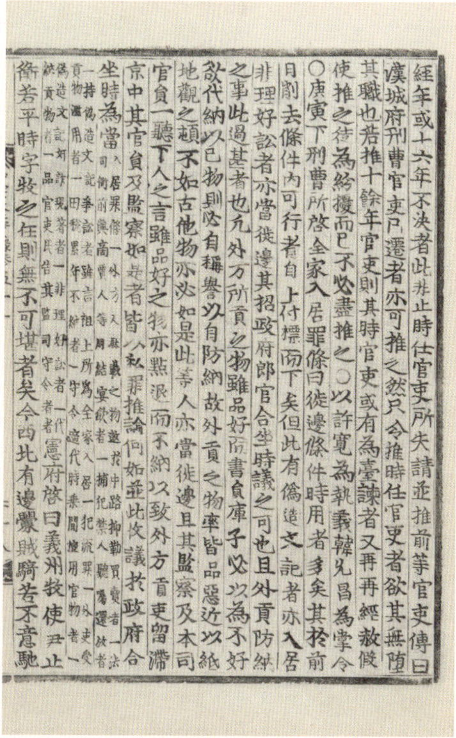

經年或十六年不決者此非止時任官吏所失請並推前等官吏傳曰漢城府刑曹官吏已還者亦可推之然只令推時任官吏者欲其無隨其職也若推十餘年官吏則其時官吏或有為臺諫者又再再經赦假使推之徒為紛擾而已不必盡推之○以許寬為執義韓允昌為掌令○庚寅下刑曹所啓全家入居罪條曰從邊條件時用者多矣其於前日削去條件內可行者自上付標而下矣但此有僞造文記者亦入居非理好訟者亦當徙邊其招政府郎官合坐時議之可也且外貢防納之事此過甚者也凡外方所貢之物雖品好而書員庫子必以為不好欲代納以己物則必自稱譽以自防納故外貢之物率皆品惡近以紙地觀之頓不如古他物亦必如是此等人亦當徙邊且其監察及本司官員一聽下人之言雖品好之物亦黜退而不納以致外方貢吏留滯京中其官員及監察如是者皆以私罪推論何如並此收議於政府合坐時為當入居罪條一外方人駄載之物邀於中路抑勒買賣者一法司衙前與商賈人等用結宴飲者一捕犯禁人聽囑還放者一持僞造文記爭訟者詐言祖上所爲全家入居一犯流罪一外吏受貢物濫用者一田稅累年不納者一守令遞代時乘間擅用官物者一僞造文記奸詐現著者一非理好訟者一代納貢物者一品官吏民告其監司守令者憲府啓曰義州牧使尹止衙若平時守牧之任則無不可堪者矣今西北有邊釁賊騎若不意馳

그림 6 1524년(중종 19) 7월 27일의 『중종실록』 기록. 전가입거죄全家入居罪의 항목이다.
서울대학교 규장각한국학연구원 소장

납防納하는 자, 방납을 용인하는 감찰監察 관리 등도 변방으로 옮겨야 한다고 지침을 내렸다. 결국 죄수와 그 가족까지 변방으로 이주시키는 전가입거全家入居의 대상이 다음과 같이 규정되었다.

1. 지방 사람이 실어오는 물건을 중도에서 기다렸다가 억지로

매매한 자.

1. 법사法司의 아전商前으로서 장사하는 사람들과 벗하여 연음宴飲한 자.

1. 금령禁令을 범한 사람을 잡았다가 청촉請囑을 받고 도로 놓아 준 자.

1. 위조한 문기文記를 가지고 송사한 자는 조상이 한 것일지라도 온 가족을 입거시킨다.

1. 유죄流罪를 범한 자.

1. 외리外吏로서 공물貢物을 받아 남용한 자.

1. 전세田稅를 여러 해 바치지 않은 자.

1. 수령守令이 갈릴 때에 틈을 타서 마음대로 관물官物을 쓴 자.

1. 문기文記를 위조하여 간사奸詐한 것이 드러난 자.

1. 비리非理로 송사하기를 좋아하는 자.

1. 공물貢物을 대납한 자.

1. 품관品官·이민吏民으로서 그 관찰사·수령을 고발한 자.

이 조치는 7월 27일에 발표되었다. 최초의 유행병 보고로부터 20일밖에 지나지 않은 시점이었다. 이 조치에는 당시에 사회적 폐단으로 지목되었던 방납을 근절하려는 적극적인 의도가 엿보인다. 아울러 '품관·이민으로서 그 관찰사·수령을 고발한 자'라는 선발 규정에서 보이듯이 관찰사·수령에 맞서고 있던 품관·이민에 대한 통제 의지도 확고했다.

품관은 지방에서 향직鄕職의 품계를 수여받은 벼슬아치를 말한다. 향청鄕廳에서 좌수·별감·유사를 맡은 품관들은 중앙에서 파견된 지방관을 보좌하기도 하고 견제하기도 하였다. 이민은 아전과 백성이라는 뜻이지만, 여기에서는 지방 관청에서 실무를 담당하는 중인中人 관리들이었다. 이방·호방·예방·병방·형방·공방의 육방六房을 담당한 향리층이었다. '각지에서 무단武斷하는 호강한 품관과 원악元惡한 향리들'이라는 당시의 표현처럼 품관과 이민은 한마디로 지역 토호土豪들이었다.

조선 정부에서는 패악질하는 이들 토호를 아예 정리할 계획이었다. 이미 1516~1520년에 영의정을 거치고 이 무렵에는 영중추부사로서 신료들 중 가장 선임이었던 정광필鄭光弼은 "이번 입거가 변방을 충실하게 하고 또 악惡을 징계하려는 것"이라고 명확하게 밝혔다. 영의정 남곤 역시 하삼도의 죄수를 평안도로 입거시킴으로써 결국 하삼도의 풍속이 선량해질 것이라고 말하였다. 조정으로서는 일거양득인 셈이었다.

7월 하순까지의 유행병 사망자는 1,600명 정도였는데, 조선 정부에서는 죄수 가족까지 포함된 전가입거 조치로 해결할 수 있다고 판단하였다. 다만 입거 시기는 조절이 필요하였다. 7월 말의 기록에 의하면 중종은 평안도 유행병이 심각한 상태에서는 입거민들도 다시 전염될 것이라고 우려하였다. 종종은 두세 달 안에 입거를 완료할 것이 아니라, 유행병이 그친 후에 사람들을 들여보내도록 지시하였다.

그리고 입거민을 뽑는 과정에서 새로운 건의가 나왔다. 토호는 모든 도에 있는데 하삼도에서만 뽑는 것은 형평에 어긋나므로 조선 팔도 전역에서 토호를 뽑아야 한다는 의견이었다. 입거민을 조금이라도 늘릴 수 있는 방책이기도 했다. 이 건의는 8월 24일에 조정에서 논의되었다.

그 결과 강원도·황해도·경기도에도 어사御史를 파견하여 형평성을 맞추기로 하였다. 인구가 적은 강원도·황해도·경기도에서는 입거민을 많이 뽑을 수 없으리라는 점은 예상하고 있었다. 반면 양계兩界(평안도와 함경도) 지역은 입거민 선발에서 제외하였다. 입거민이 들어가는 곳이 바로 양계였기 때문이다.

조선 정부에서는 이쯤에서 유행병이 마무리되기를 바랐다. 하지만 조선 정부의 희망일 뿐이었다.

3

확산:
1524년 9월~1525년 1월

내연內燃하는 유행병

1524년 9월 이후에 유행병은 잠시 멈칫했다. 9월에는 사망자 기록이 발견되지 않는다. 이 시기에는 황해도의 농토 양전量田을 비롯하여 경연經筵 개최, 관리 임용, 외국과의 외교 교섭, 군대 열병 등의 일상적인 정치 행위들이 주로 기록되어 있다. 『중종실록』 기록들의 분포로 보아 조선 정부에서는 유행병이 일단락되었다고 판단했던 것이다.

실상 유행병은 조금씩 내연內燃하고 있었다. 9월부터 10월 초 사이에는 창성 61명, 곽산 64명, 철산 15명이 사망했는데, 특히 태천·정주·구성의 접경 지역에서는 69명이 사망한 점이 눈에 띈다. 백성들은 유행병을 피해서 교통로를 따라 도피하는 중이었다. 달리 말하면, 피난하는 백성들의 몸에는 유행병의 병원체가 잠복한 채로 북쪽으로는 창성으로, 남쪽으로는 태천과 정주까지 서서히 확산되고 있었다. 흔히 병원체의 잠복기가 길다면, 유행병은 퍼지는 속도가 늦는 반면 사라지는 데 걸리는 시간도 그만큼 오래 걸린다.

11월에 들어서자 유행병은 조금 더 퍼졌다. 11월 6일에는 선천 18명, 곽산 30명, 정주 19명, 철산 10명의 사망자가 보고되었다. 구성과 삭주에서도 사망자가 나왔다. 9~11월에 유행병 사망자가 발

그림 7
1524년 9~11월 유행병 발생 지역

생한 지역을 표시하면 〈그림 7〉과 같다. 물론 앞서 말한 1단계의 유행병 발화 지역에서도 사망자가 속출하였다.

10월부터 12월 초 사이에는 유행병으로 총 220명이 사망한 것으로 기록되어 있다. 사망자 숫자가 상대적으로 줄어든 탓에 조정에서는 긴장을 풀었다. 오히려 중종의 사돈이자 권신이었던 김안로金安老를 견제하려는 권력 다툼이 훨씬 중요했다. 영의정·좌의정·우의정을 비롯한 모든 신료들이 '임금의 말을 사칭했다'라는 혐의로 김안로를 벌떼처럼 공격하였다. 평안도의 유행병을 비롯해서 함경도의 홍수와 강원도의 대형 화재가 김안로를 처벌하지 않았기 때문에 벌어졌다는 말까지 나왔다. 김안로를 감싸던 중종도 결국은 그를 파직하고 임명장을 빼앗았다. 김안로는 파주로 옮겨졌다가 풍덕군으로 귀양을 갔다. 김안로는 몇 년 후에야 조정에 복귀하게 된다.

12월에는 대부분의 기록이 지명 표기가 생략된 채로 남아 있을 뿐인데, 그나마 지명이 표시된 사망자 기록을 찾아보면 다음과 같다.

12월 2일. 벽동 등 10개 지역에서 각각 20-30명 혹은 60여 명
12월 9일. 가산 등 8개 지역에서 각각 20명 혹은 60명
12월 23일. 곽산 등 15개 지역에서 각각 20-30명 혹은 170여 명

이처럼 12월 말이 되자 15개 지역으로 유행병이 번졌으며 지역에 따라 최대 170여 명이 사망하였다. 지도에서 확인해보면 유행병은 벽동 방면으로 북상하는 동시에 가산 방면으로 남하하였다. 대개 조선의 유행병 패턴은 가을이 되면 사그라지고 겨울이 되면 끝난다. 하지만 이번에는 통상적인 경향과 달랐다.

사망자 추이도 12월부터는 악화되기 시작하였다. 8월까지의 사망자는 1,831명이었고, 12월 초까지는 추가로 220명 정도가 사망했으므로 누적 사망자는 2,000명을 약간 상회하는 수준이었다. 그런

데 12월 25일의 기록에서는 누적 사망자가 3,880명으로 증가하였다. 이제는 조정에서도 손을 놓고 있을 때가 아니었다. 12월 말로 갈수록 유행병의 심각성을 점점 깨달았다. 이듬해 1월 초부터는 조정이 야단법석이었다.

이미 12월 2일에 벽동 등 10개 지역의 보고가 올라오자, 중종은 승정원에 다음과 같이 지시하였다.

> 평안도에 여기癘氣가 치성하여 여러 지역에 번지므로 한 두 의관이 두루 구완할 수 있는 상황이 아니다. 의관 수를 더하여 내려보내는 것이 어떠한가? 이 뜻을 아울러 예조禮曹에 물으라.

곧바로 주무 부서인 예조에서는 의관 2명을 새로 파견하여 교체하는 동시에, 평안도의 심약審藥 2명도 보내서 환자를 치료하고 약재를 지급하겠다고 아뢰었다. 평안도 관찰사에게는 유행병 사태를 계속해서 보고하라고 다그쳤다. 그런데 흥미로운 것은 홍문관 응교인 황효헌黃孝獻의 제안이었다. 황효헌은 1525년 1월로 정해진 입거 시기를 늦추자는 건의와 함께 이른바 여제厲祭도 건의하였다.

여제厲祭의 시행 — 누가 귀신을 가질 것인가?

　황효헌의 주장은 이러하였다. 평안도의 유행병이 1년이 지나도록 그치지 않는다, 오히려 내륙으로 번지면서 치명률까지 높은 것은 예전에 없던 변고이다, 게다가 유행병으로 시체가 날로 쌓이는 상황은 의관 한두 명이 해결할 수 있는 일이 아니다, 예전 문종 대에 경기도·황해도에 유행병이 퍼져서 많은 백성들이 죽었을 때는 문종이 친히 제문祭文을 짓고 제사를 지내서 해결한 적이 있다, 이러한 조치는 옛날 예문禮文에도 있는 일이니 이번에도 관리들을 파견해서 여제를 모시면 좋겠다는 내용이었다.

　이미 지난 7월에도 장순손張順孫이 여제를 건의한 적이 있었으나, 당시에는 별다른 호응을 얻지 못하였다. 그런데 몇 달 뒤 유행병이 다시 심해지자 여제 논의가 수면 위로 떠올랐던 것이었다. 황효헌의 아이디어에 대해 중종은 다른 신료들의 의견을 물었다. 신료들도 국가의 정식 제사로 규정된 사전祀典에는 여제가 들어 있다면서 찬성하였다.

　여제厲祭란 질병을 일으키는 어귀厲鬼에 대한 제사였다. 여제 규정은 조선 초기부터 정해졌는데 어귀 가운데는 '유행병으로 인한 사망자[天災流行而疾死者]'도 포함되어 있었다. 조선에서는 귀신이 음양陰陽의 조화이며, 산 음양이 신神이고 죽은 음양이 귀鬼라고 설명하면서 여귀를 유교 논리 내로 포용하였다. 1401년(태종 1)에 권근權近이 여제 시행을 건의한 이래, 여제에서 모시는 여귀는 12위位에서 15위로 점차 확대되었다.

실제로 『경국대전』에서 유행병 창궐시의 대응법을 확인해보면, 치료 외에도 정기적인 여제가 규정되어 있다.

> 여제厲祭는 청명淸明(양력 4월 5일경), 7월 15일, 10월 1일에 제사한다.

> 여제厲祭. 제사를 받지 못하는 귀신에게 제사를 지내주는 것이다. 돌아갈 곳이 없는 귀신은 사람들에게 해를 끼칠 수 있으므로 제사를 지낸다.

황효헌의 건의는 받아들여졌다. 건의로부터 불과 사흘 뒤에는 여제에서 올릴 제문祭文까지 완성되었다. 여제 제문의 작성자 역시 황효헌이었다. 제문 내용은, 귀신의 본모습은 만물을 생육하는 것이지만 국왕이 잘못한 탓에 귀신이 유행병을 퍼뜨리게 되었다는 점을 잘 알고 있으니, 귀신은 이제 정성들인 제사를 받고 유행병을 그치

그림 8
여제厲祭를 거행한 여단厲壇(위의 붉은 동그라미)은 일반적으로 지방 관청(아래의 붉은 동그라미)의 외곽에 자리잡았다. 《해동지도海東地圖》(보물 제1591호)의 송도(개성) 부분이다.
서울대학교 규장각한국학연구원 소장

라는 것이었다.

여제 제문이 작성된 지 이틀 뒤에 여제를 모시는 헌관獻官 2명이 평안도로 출발하였다. 여제 헌관으로는 또다시 황효헌이 있었다. 다른 헌관은 허관許寬이었다.

중종은 여제 헌관 2명을 평안도의 두 지역에 파견하면서, 12월 25일에는 평안도 지방관들도 자신이 다스리는 고을에서 별도의 제사를 봉행하도록 지시하였다. 서울에서는 중앙 부서가 여제를 담당하고, 유행병이 극심한 평안도 두 곳에는 중앙에서 여제 헌관을 파견하며, 나머지 평안도 지역에서는 지방관들이 제사를 맡는 방식이었다. 이미 여제는 사전祀典에 기재되어 국가 제사로 편입되었지만, 여제의 시행 과정에서 제사의 위계位階가 다시 세분화되는 모습이었다.

백성들이 생각하기에도 유행병이 생기면 귀신에게 제사를 모셔야 했다. 원통한 귀신들이 유행병을 가져온다고 동의해서였다. 그러나 조선 정부에서는 이 제사의 주인이 따로 있다는 입장이었다. 즉 귀신에 대한 제사의 주관은 백성들이 아니라 국가여야 한다고 선언했다. 특히 중종은 백성들이 지내는 제사를 음사淫祀로 규정하여 엄격히 금지하였다. 백성들 스스로 모실 필요가 없는 귀신인데도 백성들이 일부러 아첨하여 제사를 지낸다는 말이었다.

같은 달인 12월에는 종묘宗廟·사직社稷과 명산名山·대천大川에 대한 기도 역시 검토하였다. 홍수와 가뭄에는 종묘사직과 명산대천에 반드시 기도하였으니, 평안도의 유행병에 대해서도 이곳에서 기도하자는 게 중종의 생각이었다. 예조에서도 동의하였고, 이듬해 1월에는 종묘사직과 명산대천에서 제사를 지냈다.

이처럼 조선 정부의 입장은 사전祀典에 맞춰서 유행병 제사를 봉행해야 한다는 것이었다. 귀신 모시는 일을 국가에서 주도하려 했던 이유는 제사祭祀의 본질이 자신의 정통성을 확인하고 과시하는 의례이기 때문이었다.

수륙재와 초제의 폐지

중종 대 유행병 창궐시에는 여제가 몇 차례 시행되었다. 그러나 불교 수륙재水陸齋와 도교 초제醮祭는 등장하지 않는다. 조선 초기와 달라진 양상이었다.

우선 수륙재는 조선 초기만 하더라도 자주 실시되었다. 물과 뭍에 있는 고혼孤魂을 달래는 수륙재를 모시면 질병이 사그라든다고 믿어서였다. 하지만 문종 대에 들어서 교하·원평 등지에 유행병이 크게 일어나자 여제는 중앙정부의 예조에서 시행하되, 수륙재는 경기도 관찰사가 수행하였다. 문종은 수륙재도 중앙정부에서 시행하기를 원했으나, 신료들의 반대에 따라 중앙정부가 아닌 경기도 관찰사가 수행하는 의례로 절충한 것이었다.

단종 대에 들어서자 수륙재는 여제로 대체되어 갔다. 수륙재란 여제의 일종이라는 인식이 이미 형성되었기 때문이다. 그 결과 1471년(성종 2)의 황해도 악질 창궐시에는 승려를 시켜 수륙재를 시행하되 관원이 승려를 감독하는 방식으로 변경되었다. 수륙재 실시가 국가의 공적 영역에서는 점차 배제되었던 것이다. 다소간의 논란에도 불구하고 국가 차원의 수륙재는 성종 대를 전후하여 완연하게 위축되는 모습을 띤다.

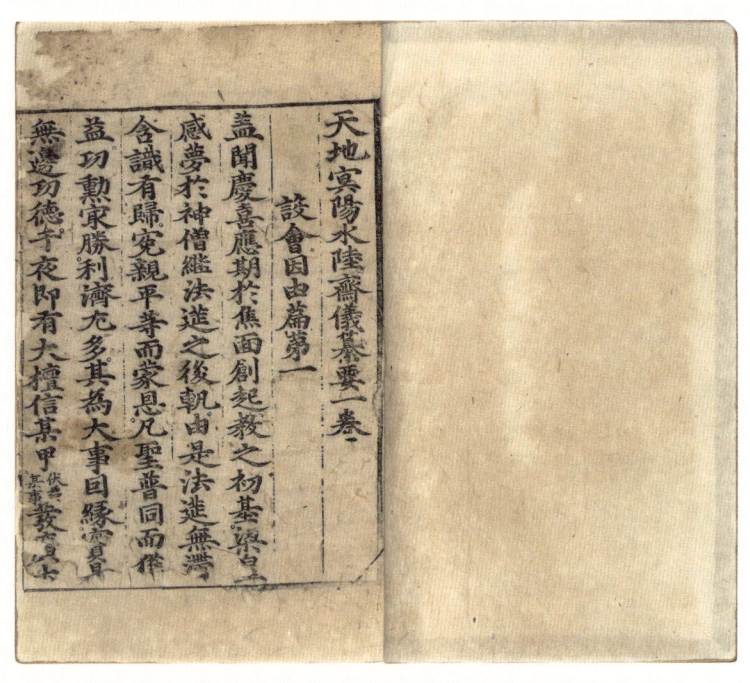

그림 9
수륙재의 절차를 정리한 『천지명양수륙재의찬요天地冥陽水陸齋儀纂要』이다. 국립세계문자박물관 소장

　도교에서도 재해는 하늘의 경고와 결부된 징조로 인식하였으므로, 성종 대까지는 초제가 실시되었다. 가뭄에 비를 내리게 해달라거나 질병이 낫게 해달라는 기도였다. 그렇지만 『세종실록』 오례五禮와 『국조오례의』 등의 사전祀典에서는 초제가 누락되었다. 초제가 점차 약화된 것이다. 크게 보자면 조선 건국 후에 제사 형식이나 내

용에서는 유교 예제가 기준이 되면서, 이전에 불교와 도교가 수행하던 제사의 역할을 국가 제사로 포용한 결과였다.

중종 역시 불교나 도교적인 대응을 꺼려하였다. 유행병 소식이 막 들어오던 1524년 7월에 중종은 불교 법연法筵과 도교 초제에 반대하는 견해를 분명히 표시하였다. 또한 유행병이 악화되자 중종은 역대의 대응책을 세밀히 조사하도록 지시한 적이 있었다. 이때 신료들은 초제 역시 옛날에는 시행하였다고 보고하였다.

이어서 유행병 사망자가 급증하는 이듬해 1월에도 중종은 역대의 유행병 대책을 알아보라고 명하였다. 홍문관에서는 "『고려사高麗史』 현종 9년(1018) 4월 기록에서는 경성京城에 대역大疫이 크게 일었으므로 국왕이 의관을 나누어 보내어 구완하였다 하였고, 명종 17년(1187) 5월에는 경성에 대역이 크게 일었으므로 오부五部에 명하여 도부신道符神의 초제를 베풀어 쫓게 하였습니다."라고 보고하였다. 『주례周禮』나 한나라의 제도에서도 도교 초제가 발견된다고 덧붙였다.

이러한 내용을 보고받고도 중종은 초제를 완전히 무시하였다. 신선과 별자리에 제사 지내는 도교 의식을 관장하던 소격서昭格署가 유신儒臣들의 공격을 받다가 일시적으로 혁파된 것도 중종 대였다. 소격서의 완전한 폐지는 임진왜란 이후이지만, 중종 자신도 여러 차례 도교에 미혹되지 않겠다는 뜻을 내비쳤다.

다만 도교 의식과 관련하여 재미있는 사실이 하나 있다. 앞서 나온 1525년(중종 20) 1월에 중종이 종묘·산천의 제사 시행을 지시하면서, 살며시 소격서에서도 제사를 지내도록 명령한 일이다. 중종이 끼워 넣음으로써 도교적인 대응은 미약한 흔적이나마 남겼다. 어쨌거나 1524~1525년의 유행병 창궐 시에는 도교적인 대응과 불교적인 대응이 제대로 실시되지 않았다.

고려시대의 유행병과 정부의 조치

앞서 홍문관의 보고에서는 고려시대의 유행병 대책으로 도교 초제 등이 소개되었다. 이쯤에서 고려시대의 유행병을 잠깐이나마 살펴볼 필요가 있다. 조선 중종 대의 유행병 대응과 비교해 보는 것도 흥미로울 것이다.

일반적으로 고려와 조선은 중세시대로 한데 묶어서 이해한다. 동일한 시대이므로 두 국가의 유행병 대응에는 공통점이 존재한다. 의술을 향유하는 것이 각자의 신분을 기준으로 차별되었고, 근대에 비해 종교신앙적인 대응이 질병에 맞서는 주요한 수단이었다. 한국 중세의 특징인 중앙집권적인 정치체제로 인하여 국가에서 질병에 적극 대응하는 모습도 공통된다.

하지만 시기가 다르므로 고려만의 특성이 존재할 수밖에 없었다. 이제 고려시대 유행병 기록을 토대로 국가의 행정적인 대응과 종교신앙적인 대응을 알아보겠다. 이어서 유행병 대응이 신분별로 나뉘는 양상과 그 원인을 생각해 보려고 한다.

고려시대의 유행병 기록은 30여 건이 남아 있다. 발생 지역, 발생 시기, 질병의 특성들을 분석해보면 당연하게도 고려의 유행병은 한 종류만이 아니었다. 유행병의 발생 시기와 표기법으로 미루어 11세기 현종 대 이래로는 장역瘴疫이, 12~13세기에는 온역溫疫이 유행하였다. 장역과 온역은 모두 새로 유입되어 많은 희생자를 낸 질병이었다. 우선 1018년(현종 9) 4월의 유행병은 '장역'이라고 되어 있다.

> 누른 안개가 사방에 자욱하게 낀 지 무릇 4일이나 되자 경성京域에 장역을 앓는 사람이 많으므로 국왕이 의관을 나누어 보내 치료했다.

나쁜 기운이라는 뜻의 장역瘴疫은 여기에서 처음 등장한다. 장瘴은 산람장기山嵐瘴氣 또는 남장嵐瘴의 줄임말이다. 원래 중국에서는 남방지역의 고온다습한 기운으로 인해 발생하는 질병을 의미하였다. 한편 온역은 고려시대에 큰 피해를 끼친 유행병으로 온몸이 뜨거워지는 열성 감염병이었다.

그림 10
고려시대의 장역瘴疫을 기록한 1018년(현종 9) 4월의 『고려사』 기록이다.
국사편찬위원회 소장

아마도 기후변화와 관련이 있는 유행병으로 추측된다. 이 장역과 온역은 유행병의 속성을 묘사한 고유명사에 가깝다.

그런데 현종이 경성에 의관을 파견하였지만, 사실 일반 백성들의 유행병을 치료하기 위해 고려에서 의관을 파견한 일은 이 기록 한 번뿐이었다. 현종 대까지는 일반 백성들의 유행병 치료가 일회적인 조치에 불과하였던 것이다. 이들을 치료하는 의료기관이 제대로 성립하거나 운영되지 못하는 제도상의 한계가 있어서였다.

대신 고려 정부가 행한 일반적인 유행병 대응 조치는 감세減稅·사면赦免·진휼賑恤이었다. 예컨대 성종은 질역疾疫에 걸려서 농사를 못 짓는 백성들에게 세금을 면제하여 주었고, 의종의 경우에는 굶주리고 유행병에 시달리는 사람들에게 개국사에서 음식을 먹였다. 1162년(의종 16)의 사례는 유행병 대응의 전형을 보여준다.

> 인군人君의 덕德은 살리는 행위를 좋아하고 죽이는 행위를 미워하며, 백성의 괴로움을 위로하고 보살핌에 있다. 근래에 감옥이 비지 않고 백성은 많이 역려疫癘에 걸리니 짐은 심히 민망하게 여기노라. 수사殊死(목을 베어 처형함) 이하의 죄를 사면하고, 여러 도道의 군현에서 포탈한 조세租稅를 면제하고, 창고를 열어서 살 곳을 잃은 가난한 자를 진휼하라.

유행병은 혼자 나타나지 않는다. 보통 자연재해나 흉년과 함께 발생해서 고려사회를 뒤흔들었다. 유행병 창궐은 노동력 부족과 유통망 마비를 야기하므로 식량 고갈이나 물가 폭등과 맞물렸다. 인구 감소와 재정 악화에 직면하게 된 고려 정부로서는 민심의 안정이 중요했으므로 감세, 사면, 진휼이 적절한 대처이기도 하였다. 그 저변에는 국왕의 허물이나 화기和氣의 부조화로 유행병이 창궐했다는 천인상응론天人相應論이 이미 자리 잡고 있었다.

이러한 행정적인 조치에 못지않게 중시된 것이 고려 정부의 종교 신앙적인 대응이었다. 불교, 도교, 무속을 막론하고 절대자에게 기원하여 유행병을 물리치려는 움직임이었다. 유행병의 또 다른 원인으로 불가항력적인 원귀寃鬼를 꼽았기 때문이었다.

고려시대의 특징은 유행병을 물리칠 수만 있다면 불교·도교·무속의 의례들, 구체적으로는 오온신五瘟神과 산천山川 제사祭祀, 반야도량般若道場·약사도량藥師道場·마리지천도량摩利支天道場, 초제醮祭 등이 뒤섞인 채로 병행된다는 점이었다. 조선의 유행병 대응과 비교했을 때, 고려에서는 종교적인 색채가 더 진하고 제도적인 수준은 미비하였다. 전반적으로 보아 유행병 원인을 원귀나 화기 부조화라고 인식함으로써 의료적 대응이 개입될 여지 자체가 작았다고 말할 수 있다.

고려시대 민간의 유행병 대응

고려시대의 민간에서는 사회적 지위에 따라 유행병 대응에 차이가 있었다. 우선 지배층은 유행병에 의학적으로도 대응하고 있었다. 중국 문물을 수월하게 접했던 지배층은 중국 의학에 친밀감을 느끼고 있었고 유행병 처방에 대한 신뢰 역시 높았다. 고종 13년(1226)에 간행된 『신집어의촬요방新集御醫撮要方』에는 4개의 유행병 처방이 등장한다. 상당히 많은 약재로 구성된 복방複方인데다 중국의 유명한 의서인 『화제국방』에 크게 의지한 치료법들이었다. 이 처방들을 분석해보면 고려에서는 당시의 열성 감염병을 상한병傷寒病의 일종으로 인식하고 있었다.

반면 일반 백성들 사이에서는 유행병에 대한 의료적 대응의 흔적이 거의 안 보인다. 겨우 『향약구급방鄕藥救急方』에 수록된 소아 유행병과 두창痘瘡 기록뿐이었다. 심지어 고려 후기~조선 초기에 간행된 『삼화자향약방』·『비예백요방』·『향약고방』·『동인경험방』·『향약혜민경험방』·『향약간이방』·『본조경험방』 같은 향약의서鄕藥醫書를 모두 살펴보아도 유행병 처방의 흔적은 찾을 수가 없다.

중국 의학 지식을 직접 접하는 게 어려웠던 고려의 일반 백성들은 주로 승려, 도사, 무격들에게 의존하고 있었다. 일반 백성들의 정신과 일상을 지배해왔던 불교·도교·무속은 친밀도가 높을 뿐만 아니라 종교신앙 특유의 절대성이라는 신심信心까지 확보하고 있어서였다.

불교 의학을 예로 들자면 관음신앙이 유행병 치유에 큰 역할을 하였다. 사람들은 불경을 외우면서 거리를 다니던 경행經行에 참여하기도 하였고, 단온진언斷瘟眞言을 배포하여 몸에 지니기도 하였으며, 『삼십팔분공덕소경三十八分功德疏經』을 인쇄하여 염송하기도 하였다. 장님·귀머거리·앉은뱅이·벙어리 등을 치료했다는 승려 일엄의 사례도 있었다.

일반 백성들로서는 종교신앙에 대한 친밀도와 신뢰도가 중국 의학의 그것보다 높았다. 이것이 고려의 일반 백성들이 의술에 깊이 의존하지 않은 이유였다. 일반 백성들 역시 자신들이 활용할 의료체계를 주체적으로 선택했던 것이다.

『로빈슨 크루소』로 유명한 다니엘 디포가 쓴 책 가운데 『전염병 연대기』가 있다. 1665년에 페스트(흑사병)가 영국을 습격한 이른바 런던대역병을 일기 형식으로 다룬 책이다. 당시 런던의 인구인 46만 명 가운데 7만 명 가까이가 사망하였다고 하는데, 실제로는 그보다 많이 사망했으리라 추정하고 있다. 이 책에 의하면, 런던 시민들은 페스트의 원인을 "인간에 대한 신의 격노함"이라고 해석하면서 큰 교회에 운집하여 열성적으로 예배를 드렸다. 그들은 페스트의 소멸 역시 "오직 신의 전능한 힘만으로 가능하게 되었다."라고 생각하였다. 특히 가난한 사람들일수록 종교에 대한 의존이 컸다. 고려시대의 일반 백성들과 그리 다르지 않은 모습이다.

고려시대 일반 백성들의 의학적 대응은 조선에 이르러 제도화된다. 즉 조선 정부는 의도적으로 향소산 등을 보급함으로써 의술에 대한 신뢰도를 제고하였다. 이미 『신집어의촬요방』을 통해서 의술의 혜택을 받았던 고려의 지배층보다는 더딘 양상이었다.

요약하자면, 조선과 마찬가지로 고려에서도 국가 차원에서 유행병에 맞섰다. 하지만 고려에서는 감세, 사면, 진휼에 중점을 두면서 종교신앙적인 대응에 치중하였다. 아직은 의료적인 대응이 단편적인 조치에 치우쳤다. 의관 파견이 전국적이지 못하였고 일반 백성들을 치료하는 의료기관 역시 본궤도에 오르지 못하였다. 유행병 전문 의서의 편찬도, 유행병 치료 처방의 반포도 없었다. 이러한 유행병 대응방식의 차이는 조선과 고려 사이의 높고[高] 낮은[低] 중앙집권화 단계를 나타낸다. 거시적으로 평가하자면, 고려의 역사적 경험을 디딤돌 삼아 조선에서는 초기부터 의료적인 대응을 제도화할 수 있었다.

악화하는 평안도 유행병

조선에서는 1524년 12월보다 이듬해인 1525년 1월의 유행병 피해가 더 컸다. 해가 바뀌면서 유행병은 본격적으로 확산일로를 걸었다. 당장 1월 3일자 김극성 보고에서부터 새로운 피해 지역과 피해 규모가 등장한다.

> 유행병으로 죽은 사람이 철산에서 18명, 창성에서 13명, 벽동에서 43명, 숙천에서 80명, 가산에서 36명, 순안에서 28명, 강계에서 51명, 위원에서 9명, 함종에서 83명입니다.

1월에는 10일 정도 간격으로 사망자 숫자가 남아 있다. 위 인용문의 1월 3일 361명의 사망 기록을 비롯하여, 1월 13일 20개 지역 888명 → 1월 20일 14개 지역 781명 → 1월 30일 25개 지역 1,496명이 사망하였다. 1524년 9월에서 1525년 1월까지의 유행병 발생 지역을 표시하면 〈그림 11〉과 같다.

〈그림 11〉을 〈그림 2〉, 〈그림 7〉과 비교해 보면 유행병이 평안도 서부지역에서 평안도 내륙으로 퍼져나가는 과정이 드러난다. 특히 행정과 교통의 요지인 평양에서 200명이 넘는 사망자가 발생하

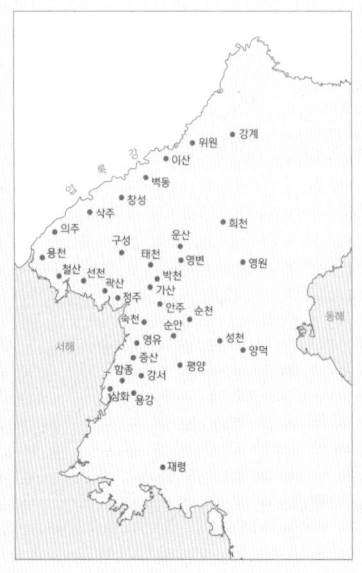

그림 11
1524년 9월~1525년 1월 유행병 발생 지역

였다. 유행병이 서해안을 따라 삼화와 용강까지 내려오면서 평양 역시 유행병의 영향을 벗어날 수 없었던 것이다. 황해도 재령에서도 1524년 12월에서 이듬해 1월까지 26명이 사망하였다고 되어 있으므로, 유행병이 피난민들을 좇아서 몇 달 만에 황해도까지 남하했음을 알 수 있다. 평안도에서 실태를 조사하고 12월 말에 돌아온 이환李芄의 보고에 따르면, 유행병을 피하여 황해도로 내려온 평안도 백성들이 매우 많았다.

조선 정부에서는 서울인 한양으로 유행병이 유입될까 전전긍긍

하였다. 중국에 다녀오는 사신단과 개인적으로 이동하는 사람들로 인해 한양 사람들까지 전염될 가능성이 높아졌다. 고개로 막혀 있는 시골에서도 유행병이 쉽게 전파되는데, 인가가 즐비한 한양에서는 이를 격리할 방법조차 없다는 근심이었다.

1525년 1월 말까지의 유행병 사망자 누계는 34개 지역에 걸쳐 7,432명이다. 이 가운데 1524년 12월에만 2,000명가량이 사망하였고 이듬해 1월에는 3,526명이 추가로 사망했으므로, 12월과 1월의 피해 규모가 가팔랐다. 평안도 유행병에 대한 정례적인 대응이 완전히 무력화되는 지경에 이르렀다.

유행병의 정체

유행병이 발생하려면 병원체가 존재해야 한다. 전근대의 유행병으로는 다양한 발진성 감염병(홍역, 두창, 성홍열, 티푸스 등), 세균성 이질, 열성 감염병 등이 있었다. 평안도 유행병의 실체는 아직까지 명확하지 않다. 다만 이 유행병 때문에 1525년에 편찬되는 『간이벽온방』에 단서가 있다.

곧 소개할 『간이벽온방』에서는 승마갈근탕升麻葛根湯이라는 처방 명칭에서 잘 드러나듯이 유행병 치료에 승마나 갈근을 활용하였다. 승마와 갈근은 온역장기溫疫瘴氣와 온병溫病에 잘 듣는 약재들이다. 이보다 먼저 세종 대에 간행된 『향약집성방』에도 승마갈근탕 처방이 등장한다. 이 처방으로는 어른과 아이를 막론하고 두통과 고열에 시달리면서 온몸이 욱신거리고 아픈 시기온역時氣溫疫 증상을 치료하였다.

반면에 조선 전기의 다른 유행병에서 흔히 사용되는 시호柴胡가 『간이벽온방』에서는 전혀 등장하지 않는다. 시호는 상한병傷寒病 계통의 유행병에서 오한과 발열이 번갈아 나타나는 학질 유사 증세를 치료하는 약재이다. 특히 『간이벽온방』이 편찬되던 무렵인 1525년 1월에 홍문관에서는 역대의 유행병 대책을 조사한 후에 "송나라

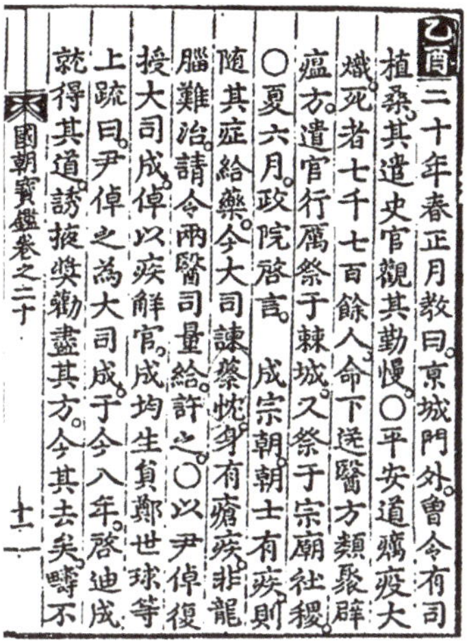
乙酉二十年春正月教曰京城門外曾令有司
植桑其遣史官觀其勤慢○平安道癘疫大
熾死者七千七百餘人命下送醫方類聚辟
瘟方遣官行厲祭于棘城又祭于宗廟社稷
○夏六月政院啓言 成宗朝朝士有疾則
隨其症給藥今大司諫蔡忱身有瘡疾非龍
腦難治請令兩醫司量給許之○以尹倬復
授大司成倬以疾辭官成均生員鄭世球等
上疏曰尹倬之爲大司成于今八年啓迪成
就得其道誘掖獎勸盡其方今其去矣疇不
國朝寶鑑卷之二十 十一

그림 12

『국조보감國朝寶鑑』에 나온 평안도 유행병 기록. 1525년(중종 20)에 사망자가 7,700여 명에 달하자 의서를 내려보내고, 극성에서 여제厲祭를 지냈으며, 종묘사직에서 제사를 모셨다는 내용이다.

국립고궁박물관 소장

태종 순화淳化 5년(994)에 대역大疫이 도성에서 일어나자 시호로 약을 지었는데 살아난 자가 매우 많았습니다."라고 보고하였다. 이 보고에도 불구하고 『간이벽온방』에서는 시호를 활용하지 않았던 것이다. 이처럼 『간이벽온방』에 등장하거나 혹은 등장하지 않는 약재들을 통해서, 당시 의학자들은 이 유행병을 나름대로 분명하게 판단했음을 짐작할 수 있다.

무엇보다도 책 이름인 『간이벽온방簡易辟瘟方』의 벽辟은 '없애다'라는 뜻이고 온瘟(瘟疫)은 '덥단 병'(더운 병)을 가리킨다. 그리고 이 책 서문에서는 '여역厲疫'을 '모딘 병'(모진 병)이라고 한글로 풀이하

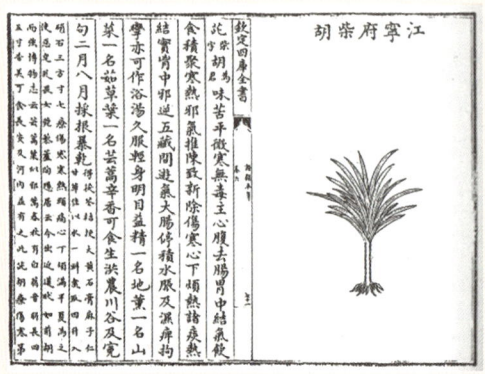

그림 13
『증류본초證類本草』에 수록된
시호柴胡 그림과 설명문

였다. 결국 평안도 유행병은 모질게 심각한 고열이 주된 감염 증상인데, 유행병으로서는 드물게 겨울철인 1524년 1월부터 유행하기 시작한 것이다. 현재 평안도 유행병은 티푸스로 추측하고 있다.

그렇다면 유행병이 발생한 지 거의 1년이나 지났음에도 불구하고 이 무렵에 사망자가 급증한 원인은 무엇일까? 먼저, 병원체가 침입한 새로운 지역에서는 인구가 밀집된 상태였기 때문일 수 있다. 3,526명이 사망한 1월을 살펴보면, 벽동과 숙천을 비롯하여 24개 지역이 새로 유행병의 활동무대가 되었다. 1월에만 이 지역에서는 각각 10여 명에서 100여 명에 이르는 사람들이 희생되었다.

다음으로는 유행병의 치명률이 높아졌기 때문일 수도 있다. 앞서 말했듯이 세균·바이러스 같은 병원체는 변이를 거치면서 그 독성이 약해지는 것이 일반적이다. 하지만 반대로 치명률이 높아지는 변이들도 드물게 있는데, 이때는 피해가 걷잡을 수 없게 된다. 대표적인 사례가 1918년에 전 세계를 공포에 몰아넣은 이른바 스페인독감이다. 초창기에 스페인독감의 치명률은 3-5%, 즉 100명의 환자 가운데 3-5명이 사망하는 꼴이었다. 하지만 4개월 후에는 고병원성 돌연변이가 나타나면서 일부 지역에서 치명률이 6% 이상으로 급등하였다. 사망자 숫자도 치솟았다.

참고로 팬데믹 시기에 코로나19의 치명률은 1%였다. 2023년 5월 5일, 세계보건기구에서는 코로나19의 국제적 공중보건 비상사태[PHEIC]를 해제하였다. 당시의 기록을 찾아보면, 해제할 때까지의 3년 4개월 동안 6억 8,700만 명의 확진자가 나왔고, 이 가운데 690만 명이 사망하였다.

확실한 점은 1524년의 유행병이 오랜 기간 창궐하면서 사망자가 급증했다는 것이다. 평안도 유행병이 조선 사람들에게 익숙하지 않은 새로운 질병이었다는 증거이다. 이 당시 평안도 사람들이 받은 충격은 컸다. 건강한 사람들조차 자신 역시 유행병에 곧 걸리게 될 것이라며 두려움에 떨었다. 바람이나 안개에만 쐬어도 금방 스스로 현혹되어 이미 자신이 감염되었다고 여긴 탓에 평안도의 사망자가 더욱 많아졌다고 쓰여 있다.

『간이벽온방』의 편찬

사망자가 증가하면서 젊고 건강한 가장家長들도 유행병에 걸리는 상황이 나타났다. 가장이 유행병으로 사망하면, 늙거나 어린 가족이 살아남았더라도 이웃과 친척들조차 전염되는 것을 꺼려서 보호하려 들지 않았다. 남은 가족들은 굶주림과 추위에 몰려 죽는 일로 이어졌다.

12월 하순에 들어서자 조정에서는 유행병이 내지로 번진다면서 위기의식이 높아졌다. 중종 스스로도 구완 방법을 모르겠다고 실토할 지경이었다. 새로운 대응이 필요한 순간이었고, 이때 편찬된 책이 『간이벽온방簡易辟瘟方』이었다.

『간이벽온방』은 1525년 1월에 간행되었다. 『의방유취醫方類聚』에서 유행병 처방을 읽은 중종이 『간이벽온방』 편찬을 직접 지시하였다. 서둘러 진행된 덕분에 불과 5일 뒤에는 의서가 완성되어 필사본 형태로 지방에 배포되었다. 중종의 발언들을 직접 들어보자.

> "우연히 『의방유취』를 보니, 『벽온방辟瘟方』 외에도 여역을 치료하는 방법이 많았다. 초록抄錄하여 평안도에 내려보내어 이 방법을 써 보게 하는 것이 어떠한가? 또한, 이 책을 박아내어 중외中外에 반포하라."

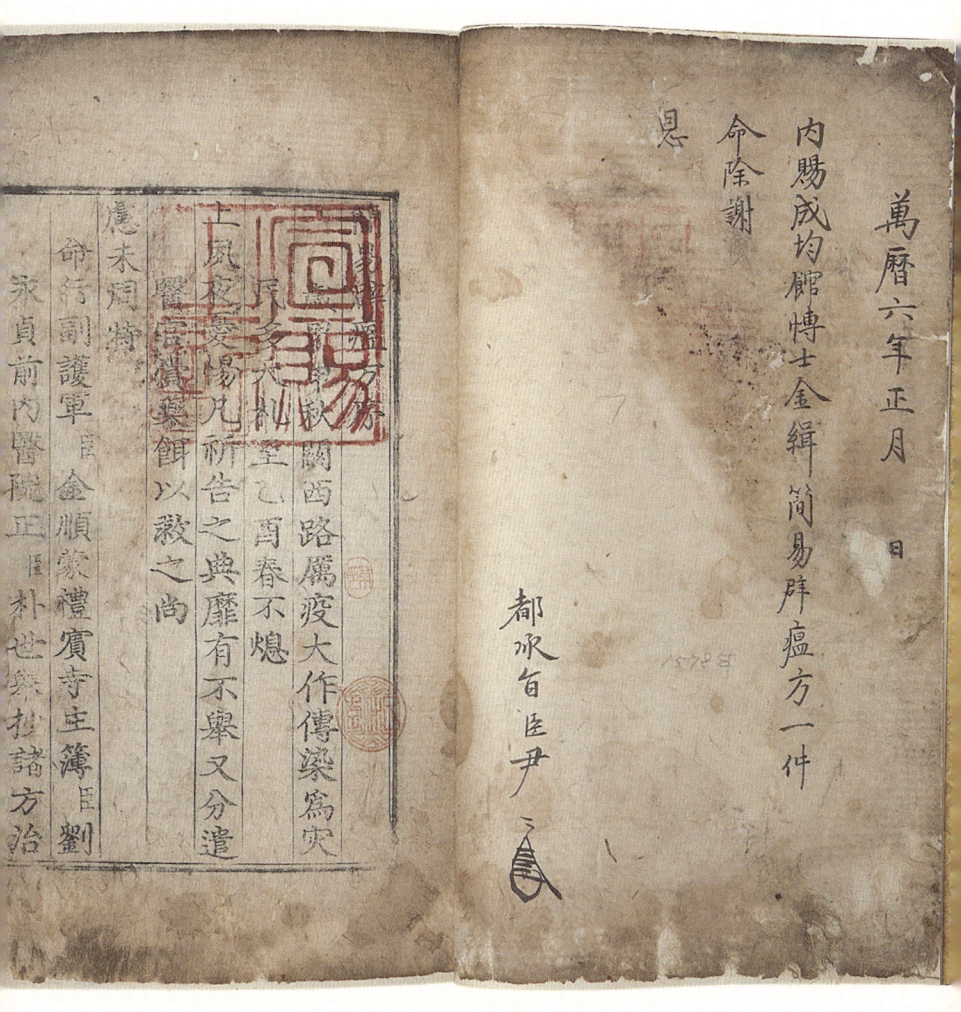

그림 14
을해자본乙亥字本으로 1578년(선조 11)에 인쇄한 『간이벽온방』이다. 국립한글박물관 소장

새로 초록한 벽온방辟瘟方을 승정원에 내리며 전교하였다. "이 방서方書에 약명藥名이 매우 많으니, 전례에 따라 언해諺解하여 박아내도록 하라. 다만 박아내기를 기다리면 늦을 듯하니, 우선 베껴서 온역을 물리치는 약과 함께 함경도·평안도 등에 내려보내라. 또, 벽온방을 박아낼 때에 색승지色承旨를 시켜 책 끝에 그 경위를 간략히 서술하여 어느 때에 지은 것인지를 후세에 알게 하라. 전에 『벽온방』이 있었으니, 이 책은 『속벽온방續辟瘟方』이라 이름지어야 하겠다."

『속벽온방』이 바로 『간이벽온방』이었는데, 정식 인쇄는 5월에 완료되어 배포되었다. 그리고 색승지色承旨란 이 업무를 담당하는 승지를 뜻하는데, 나중의 기록을 참고하면 도승지였던 김희수金希壽를 지칭한다. 즉 1월 23일 중종의 명을 받은 김희수는 이틀 뒤인 1월 25일 자로 『간이벽온방』의 서문을 썼다. 이 서문에 나와있듯이 김순몽金順蒙, 유영정劉永貞, 박세거朴世擧가 여러 의서를 검토하여 편찬한 책이었다. 이 세 사람은 당시 첫손에 꼽히던 의학자들이었다.

『간이벽온방』은 44개의 처방으로 구성되어 있다. 처방들의 출전을 조사해보면 『의방유취』 외에도 『향약집성방』이 크게 활용되었다. 『간이벽온방』 16~22번의 처방들은 『향약집성방』의 유행병 항목인 「벽온병방辟溫病方」에서 일일이 확인되지만, 『의방유취』에서는 모두 확인할 수 없기 때문이다.

무엇보다 『향약집성방』의 계승을 보여주는 가장 확실한 증거는 『간이벽온방』의 맨 마지막 처방이다. 〈그림 15〉에 보이듯이 승마를 복용하여 구토를 일으킴으로써 유행병을 치료하라는 내용인데, 이 내용은 『향약집성방』을 그대로 인용한 것으로 『의방유취』에서는 전혀 발견할 수 없다. 세종 대의 『의방유취』와 『향약집성방』의 방대한 내용이 중종 대에 간추려져서 『간이벽온방』이라는 실용서로 활용되었던 것이다. 의료사 측면에서 평가하자면, 세종 대에 집대성된 의학 지식을 대중들이 이용하도록 보편화하는 과정이 바로 중종 대 『간이벽온방』의 편찬이었다.

『간이벽온방』의 효과와 영향

『간이벽온방』의 첫머리에는 병론病論이 실려 있다. 질병에 관한 이론적인 설명이다. 병론에서는 중종 대 유행병의 자연적 요인으로 기후 불순을 제시하고 있다. 아울러 유행병의 사회적 요인으로는 위생 불량, '억울한 죽음'을 의미하는 땅의 사기死氣, 부당한 형벌로 생겨난 귀신을 꼽고 있다.

자연적 요인을 질병 원인으로 규정하게 되면 유행병을 의술로 치료할 수 있게 된다. 방금 말했듯이 '덥단 병'인 온역 증세를 가라앉히기 위해서 승마갈근탕을 사용하는 등의 일이다. 하지만 사회적 요인에 해당하는 억울한 귀신도 인정한다는 점에서는 평안도 유행병이 정치적인 문제로 간주될 소지를 갖게 된다. 이 부분은 뒤에서 다시 다루겠다.

『간이벽온방』의 본문에 해당하는 44개 처방을 순서대로 살펴보면 앞쪽의 10개 처방은 여러 종류의 약재를 배합하는 복방複方의 형식을 띠다가, 의복 소독과 주문呪文을 권장하는 처방들 5개가 이어지고, 그 이후에는 1개 정도의 약재만을 사용하는 단방單方이 제시되어 있다.

당시에는 복방에 필요한 약재들의 수급이 원활하지 않은 상황이

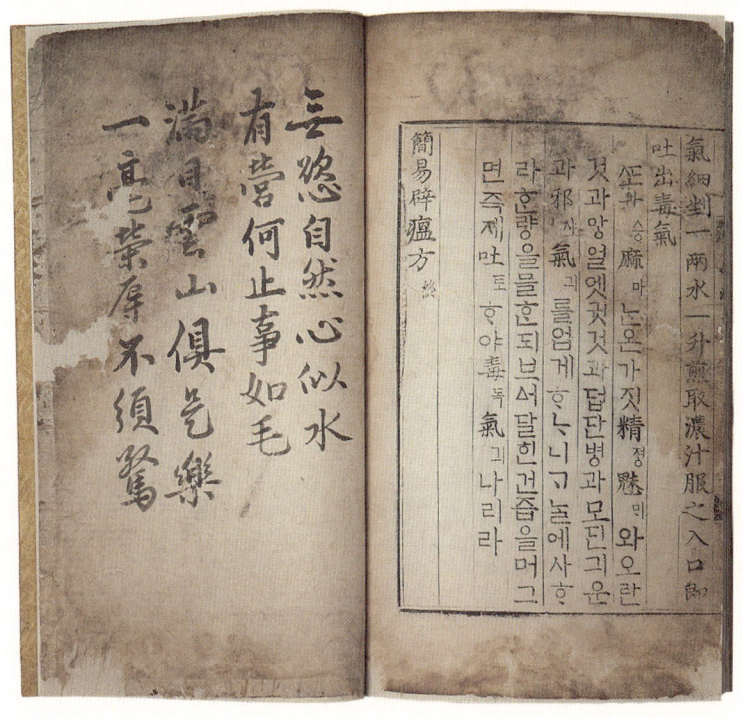

그림 15
승마升麻를 복용하여 구토를 일으킴으로써 독기毒氣를 배출하라는 『간이벽온방』의 내용이다.
국립한글박물관 소장

었다. 대표적으로 십신탕十神湯에는 천궁, 감초, 마황, 건갈, 승마, 백지, 진피, 향부자, 적작약, 자소엽 등 10종류의 약재가 사용된다. 이 가운데 몇 가지만 거론하자면 감초가 조선에서 토착화에 성공한 것은 성종 대에 이르러서였고, 마황은 1438년(세종 20)에야 경상도 장기현에서 발견되었으며, 건갈(전갈)은 성종 대에 힘들게 산 채로 수입했던 약재였다. 따라서 일반 백성들은 간편하게 기댈 수 있는 다음과 같은 단방을 주로 이용하였다.

> 또 다른 처방. 집에 유행병이 들었을 때는 처음에 병든 사람의 옷을 빨아 정결하게 하여 밥하는 시루에 찌면 감염 걱정이 없어진다. (중략)
> 또 다른 처방. 동쪽으로 난 측백나무 잎을 채취하여 건조시킨 후 미세하게 가루 내어, 뜨거운 물이나 술과 함께 복용하라.

그렇다면 『간이벽온방』 처방이 당시의 유행병에 효과가 있었을까? 그렇다. 효과가 있었다고 대답할 수 있다.

우선, 현대의 관점에서는 위약효과偽藥效果이지만, 당시에는 치료라고 믿었던 처방들이 있었다. 예컨대 『간이벽온방』에서는 유행병의 치료와 예방을 위해 도소주屠蘇酒를 정월에 마시도록 처방하였다. 정월에 도소주를 복용하는 풍속은 이미 서거정이나 김시습의 기록에서 등장하듯이 오래된 것이었다. 그리고 연산군 대 기록을 살펴보면 유행병을 예방하기 위해 쇠똥을 태우기도 하고 복숭

아나무를 활용하기도 하였는데, 물론 이 처방들도 『간이벽온방』에 실려 있다. 백성들에게 『간이벽온방』의 일부 처방들은 상당히 친숙하였던 것이다.

또한 "동지에 붉은 팥으로 쑨 죽을 먹어 역질을 없애라."라는 『간이벽온방』 처방 같은 것도 백성들에게 심리적인 안정감을 가져다주었다. 이것은 1489년(성종 20) 동짓날에 팥죽을 서로 주고받았던 김종직의 시詩처럼 꽤 오래된 관습이었다. 현재도 우리는 동지 팥죽을 먹는다. 팥죽의 붉은색으로 나쁜 기운을 물리친다는 벽사辟邪 관념이 깃들어 있는 풍속이다.

한편 백성들은 토목공사·전쟁·귀신 때문에 유행병이 발생한다고 인식하였다. 『간이벽온방』에서도 귀신의 소행을 인정하였으므로 "유행병에 걸린 집에 문병을 갈 때는 오른손 중지로 '차次'를 써서 주먹을 꽉 쥐어라."와 같은 『간이벽온방』 처방은 충분히 설득력이 있었을 것이다. 당시 사람들의 입장에서 판단하자면 『간이벽온방』의 친근한 처방들은 유행병이 낫는다고 믿을 만한 것이었다.

아울러 『간이벽온방』의 실제 효과도 존재하였다. 방금 말한 옷을 삶으라는 처방은 소독 효과를 나타낸다. 또한 환자 집에 들어가기 전에 약재를 물에 끓이라거나 열기로 훈증하라는 조치도 환자와의 접촉을 자제시킴으로써 감염을 예방한다.

> 무릇 온역을 앓는 집에 들어갈 때는, 먼저 문을 열고 큰 솥에 물 2말을 담아 집 가운데에서 20개의 소합향원蘇合香元을 달이도록 하면 그 향이 나쁜 병 기운을 없앨 수 있다. (중략) 또 다른 처방. 5월 5일 한낮에, 미리 모아두었던 제철 약재를 태워 온역의 기운[疫氣]을 물리치라.

위약효과이든 실제 효과이든 『간이벽온방』은 당시 사람들에게 유행병과 맞서 싸우는 무기가 되었다. 그런데 『간이벽온방』은 의서를 통한 치료라는 점에서, 의료 대응의 범위가 예전의 의관 파견이나 약재 지급 같은 방식과는 크게 달랐다. 성종 대에 황해도에서 유행병이 창궐하자 이길보는 "의관이 집집마다 가서 치료할 수 없으니, 여러 고을로 하여금 약재를 많이 준비하게 하여 제때에 구급救急하게 하소서."라고 건의하였다. 이 말을 곱씹어보면 의관의 치료 범위는 개인이나 가족인 데 반해, 지급 약재의 치료 범위는 고을 단위로 넓게 설정된 것을 알 수 있다.

하지만 의서의 치료 범위는 약재보다도 훨씬 더 확장된다. 『간이벽온방』 서문에서 김희수는 의서 간행의 의미를 잘 표현하였다. 김희수는 유행병이 발생하자 예전에 하던 대로 제사를 지내고 의관을 파견했지만, 유행병이 사그라지지 않아서 『간이벽온방』을 편찬하게 되었다고 설명하였다. 특히 그는 한글 번역을 통해서 보다 많은 사람이 『간이벽온방』을 읽게 되었다고 평가하였다.

> 한글로 번역하여 전국에 반포함으로써 누구나 쉽게 알 수 있도록 하였으니, 궁벽하고 후미진 시골이라고 하더라도 이 처방에 따라 목숨을 구할 수 있게 되었다.

중종 대 이전에는 유행병이 나타나면 『성혜방』이나 『천금방』이나 『경험양방』에서 처방을 몇 개 골라 배포하는 데 그쳤다. 『간이벽온방』은 유행병 증상에 맞춘 새로운 의서의 편찬이라는 점이 달랐다. 즉 의관 파견과 약재 지급이 국가의 직접적인 대면 치료로서 가족이나 고을 단위의 치료에 국한된다면, 『간이벽온방』 같은 언해본 의서의 편찬은 국가의 간접적인 서면 치료로서 평안도 전체를 대상으로 삼는 의료적 대응이었다.

『간이벽온방』의 전후로 출간된 『언해벽온방』(1518년, 중종 13)과 『분문온역이해방』(1542년, 중종 37)도 일반 백성들 전체를 대상으로 삼아 간행된 의서들이었다. 전근대 사회에서 공중보건이 점차 확대되는 과정이기도 하였다.

그렇다면 『간이벽온방』의 배포에도 불구하고 유행병 치료가 실패하였을 때 그 책임은 누구에게 귀속될까? 이때는 모든 책임을 국가 혹은 국왕이 부담하지는 않게 된다. 『간이벽온방』의 간행을 계기로 일반 백성과 환자들이 직접 질병에 맞설 수 있게 되었으므로, 치료 실패는 개인의 잘못이기도 하기 때문이다. 의관 파견과 약재 지급이 백성들에 대한 직접적인 대면 치료여서, 유행병 확산과 사망자 발생 책임을 조선 정부가 회피할 수 없었던 것과는 달라진 부분이다. 다시 말해 조선 정부로서는 『간이벽온방』을 간행함으로써 유행병 창궐에 대한 정치적 부담을 줄이고 질병을 개인 문제로 유도할 여지를 갖게 되었다.

실제로 조선의 의술 수준에서 유행병의 완전한 퇴치는 불가능하였다. 그리고 중종 대 의술의 한계를 반영하는 논리가 『간이벽온방』에 이미 들어 있었다. 바로 개인위생의 강조였다. 사람들은 환자의 옷을 삶거나 정해진 시간에 약재로 훈증해야 했을 뿐만 아니라 목욕과 같은 예방 조치를 취하도록 요구받았다.

> 또 다른 처방. 동쪽으로 난 복숭아 가지를 잘게 잘라서, 이것을 달인 물로 목욕하라.

이처럼 『간이벽온방』에서는 위생 개념을 발전시켜 예방과 치료

그림 16
코로나19 당시에 개인위생을 강조한 세브란스병원의 홍보물이다.
연세대학교 의과대학 동은의학박물관 소장

를 강조하였다. 자신을 건강하게 만들어 밖으로부터 들어오는 유행병에 대응한다는 논리였다.

코로나19가 유행할 당시를 돌아보면 손 씻기, 거리두기, 환기 소독, 마스크 착용 같은 개인위생이 반복해서 강조되었다. 이러한 상황에서 코로나19에 걸리게 되면, 그 책임이 환자에게도 부과되었던 것과 동일한 경우였다.

이렇게 보면 『간이벽온방』 같은 대중 의서들의 지속적인 간행을 통해 치료와 건강은 개인의 문제로 변환되어갔다. 흔히 근대의 특징으로 자유로운 개인의 등장을 꼽는다. 하지만 독립된 개인이 갑자기 탄생할 수는 없다. 신분 계급을 비롯하여 성별과 지역 등의 요소로 짜여진 전근대 사회 내에서도 개인은 조금씩 성장해왔다고 이해해야 한다. 전근대 의료 분야에서 개인의 성장은 의료체계에 대한 주체적인 선택이라든지 치료·건강·양생에 대한 관심 증대에서 찾아볼 수 있다.

입거 이야기 2 – 입거민보다 많은 사망자

이미 말한 것처럼 1524년 8월까지만 해도 조선 정부는 죄수와 그 가족들까지 이주시키면 평안도를 원래 상태로 되돌릴 수 있다고 판단하였다. 각 도에는 어사御史를 파견하여 평안도에 입거시킬 토호들까지 색출하려고 하였다. 이 과정에서 생길 수밖에 없는 시끄러움은 감내할 요량이었다.

그런데 9월에 사망자가 일시적으로 줄었다. 이것이 조선 정부를 방심하게 만들었다. 당장 입거민 선발이 느슨해졌다. 신료들 사이에서 입거민 선발 규정에 관한 비판들이 나왔다. 급하게 만든 이 규정 때문에 백성들은 자신이 죄를 지었는지도 모르는 상태에서 평안도로 이주하게 생겼다는 내용이었다. 정광필은 다음과 같이 건의하였다.

> 인심이 불안하니 천천히 뽑는 것이 옳겠습니다. 죄를 지은 자도 반드시 있겠으나 어사가 갑자기 뽑아 보내면 시끄럽게 될 것입니다. 관찰사를 시켜 그 일의 가부를 살펴서 뽑을 만한 자를 뽑게 하여, 인심이 동요하지 말도록 하는 것이 옳겠습니다.

신료들의 의견에 중종도 동의하였다. "어찌 어사가 실정을 갑자기 알아낼 수 있겠는가?"라면서 사정을 잘 아는 관찰사가 조용히 뽑도록 명하였다. 6도의 관찰사들에게는 입거민 숫자에 연연하지 말고 각 도의 실정과 시기를 감안하여 처리하라고도 지시하였다. 심지어 전라도에서는 진행 중인 양전量田 사업이 완료된 후에 입거민을 선발하도록 허용하였다.

인심을 불안하게 만든다는 이유로 어사들을 소환하고 관찰사들이 입거민을 선발하게 되자 곧장 잡음이 발생했다. 관찰사들이 '호강한 품관과 원악한 향리'로 표현되는 지방의 토호들을 입거 대상에서 제외시켜 주었던 것이다.

지방의 토호들은 힘이 센 자들이자 유식한 자들이었다. 양전을 비롯한 각종 행정 업무에 요긴한 것도 사실이었다. 관찰사들이 지방의 현실을 오히려 잘 알기 때문에 벌어진 일이었다.

전반적으로 9~10월에는 입거민 선발 과정에서 여유가 엿보인다. 그러나 유행병 사망자 수를 생각하면 누군가가 대신 평안도의 빈 땅을 채워야 했다. 그 누군가는 누구인가?

1525년 1월 말 현재의 누적 사망자는 7,432명이었다. 사망자 가운데는 4,800명의 평안도 군사도 포함되어 있었다. 이들은 국경을 방어하는 평안도의 토병土兵들이었다. 유행병으로 사망한 군사 가운데는 날쌔고 활을 잘 쏘며 적로賊路를 아는 안자문安子文과 무재武才가 우뚝하여 혼자서 100명의 적을 감당했던 서철견徐哲堅도 포함되어 있었다. 남방에서 사람들을 옮기더라도 기존의 토병과 같을 수는 없었다. 하지만 장실壯實한 군사들에게까지 유행병이 번지면서 국경 방어가 어렵게 되었으니, 병사病死한 군사들의 빈자리를 채우기 위해서는 힘없는 백성들이라도 이주시켜야만 했다.

당사자인 백성들에게는 평안도 입거가 공포 그 자체였다. 심지어는 입거가 결정된 백성들 가운데 목매어 자살하는 사람도 생겼다. 자신이 죽으면 가족들은 이주하지 않아도 되기 때문이었다. 그런데 이 시기의 진정한 문제는, 조선 정부의 입거정책에도 불구하고 이미 사망자가 입거민보다 많다는 사실이었다.

상황이 이렇게 돌아가자 선발 기준에 해당되지 않는데도 입거민으로 선발되어 버린 백성들이 생겼다. 이들이 국가에 호소하는 사례도 늘어났다. 예를 들어 강화에 사는 이후손李厚孫은 징을 쳐서 국왕에게 직접 억울함을 아뢰었다. 이후손은 다른 사람의 무고로 인해 평안도에 입거하도록 뽑힌 사람이었다.

칠원에 사는 윤좌尹佐는 전지田地 문제로 이미 도역徒役을 살았는데, 그 죄 때문에 이번에 다시 입거하도록 뽑혔다. 윤좌 역시 상대방의 모함으로 발생한 일이라면서 억울해하였다. 토지 매매의 증서가 분명히 있는데도 소송에 걸려서 패하자 입거하게 된 사람도 있었다.

중종 역시 급박한 사이에 벌어진 억울한 경우와 호강한 자가 빠지는 경우를 인지하고 있었다. 그럼에도 각 도의 관찰사를 믿고 입거를 강행하겠다는 것이 중종의 뜻이었다. 유행병 사망자가 크게 늘어나던 1525년 1월의 상황이었다.

이에 앞서 조선 정부에서는 입거민들을 삼수三水에 모았다가 평안도로 이주시키기로 방침을 정하였다. 하지만 유행병 사망자가 다시 급증하기 시작하자 1525년 1월 18일에는 병조의 건의에 따라 소규모 군사 마을인 별해別害 등의 보堡에 분산시키기로 결정했다. 유행병이 더욱 치열해지자 지시는 다시 바뀌었다. 삼수 등에 입거민을 들여보내지 말고, 유행병이 완전히 그친 후에 곧바로 평안도로 이주시키라는 내용이었다.

4

폭발:
1525년 2월~10월

평안도를 텅 비게 만든 유행병

유행병은 1525년 2월 이후에 더욱 극렬해졌다. 새로이 덕천, 은산, 강동, 자산, 개천, 맹산, 중화, 상원이 추가되어 평안도 전역의 백성들이 유행병에 시달리게 되었다. 3단계에서는 사망자 역시 급속히 늘어났다.

구체적으로 살펴보면 사망자 누계가 2월 4일에는 7,724명이었는데, 3월 12일에는 12,425명으로, 그리고 3월 16일에는 12,915명으로 증가하였다. 2월 4일(양력 2월 25일)에서 3월 16일(양력 4월 8일)까지는 42일 만에 5,191명이 사망하였으므로 하루에 124명꼴로 사망하였다. 〈그림 17〉은 1524~1525년에 걸쳐 사망자 총계에 관한 주요 기록을 모은 것이다.

월별 추이를 따져보면 1525년 2~5월에는 월 3,000-4,000명씩 사망하고 5~7월의 두 달 동안에는 월 1,000명씩 사망하였다. 그리고 유행병 창궐 막바지인 7월 17일부터 8월 1일 사이의 보름이 채 못 되는 기간에는 거의 2,000명이 사망하였다. 유행병이 늦여름까지도 극성이었음을 알 수 있다.

이 시기에 지방관인 자산군수 안방신安邦愼은 유행병을 피해 도망하였다가 처벌을 받았다. 각 진鎭의 장수에 해당하는 첨사僉使와 만

호萬戶들도 모두 벼슬을 버리고 평안도에서 빠져나오려고 하는 지경이었다. 심지어 중종은 유행병에 감염될까 두려워한 지방관들이 고의로 죄를 범하여 스스로 파직을 자초하지는 않을까 우려하였다.

이 와중에 평안도에는 수재水災까지 덮쳤다. 이해 6월에 평양에서는 3일간 폭우가 내려서 대동강 물이 성문城門에까지 넘치면서 수몰된 민가가 193채에 달하였다. 여러 날 물에 잠긴 곡식들도 모두 썩을 형편이었다. 동시에 의주·안주·박천·영변·태천·곽산·순천·증산 등지에도 큰 비가 내려 가옥이 유실되고 곡식이 손상되었다. 평안도에 흉년이 들었음은 두말할 나위도 없다. 엎친 데 덮친 격이어서 중종과 신료들 모두 '평안도가 완전히 비게 되었다'라는 근심을 쏟아냈다.

〈그림 17〉에 나오듯이 1525년 7월에는 유행병 사망자가 20,000명을 넘어섰다. 이에 따라 정부에서는 대응책 마련을 거의 포기하였다. 중종은 "평안도의 유행병 초기에 사람이 많이 죽는 것을 보았을 적에는 상하上下가 지극히 두렵게 여기다가, 지금은 죽은 사람이 20,000여 명이나 되는데도 사람들이 심상하게 여긴다."라고 개탄하였다.

다행히 8월 이후부터 사망자가 조금씩 잦아들었다. 팬데믹으로 인한 사망자 추이는 대체로 종형곡선鐘形曲線, bell curve이라고 부르

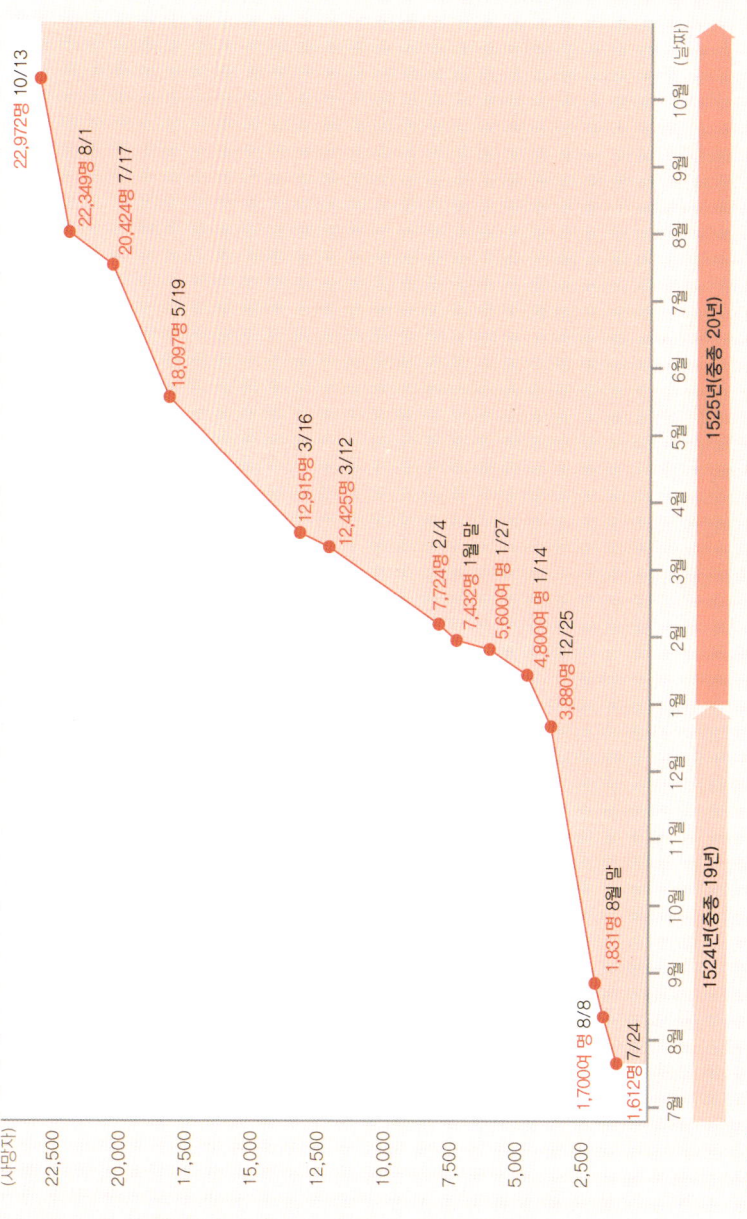

그림 17
1524~1525년 평안도 유행병의 누적 사망자 추이

는 정상분포 곡선을 그린다. 이 곡선에서는 일정기간 동안 사망자가 점차 증가하다가 정점을 찍은 후에 점차 감소한다. 8~10월에는 간헐적으로 600명 정도의 사망 기록이 이어진다. 약간씩 겹치는 사망 기록을 보정하면 최종 기록까지의 누적 사망자 수는 22,972명이 된다.

3단계의 42개 지역을 표시한 것이 〈그림 18〉이다. 결국 이 유행병은 평안도 전역을 빼곡하게 뒤덮으면서 매듭지어졌다. 유행병 기록 역시 9월에 접어들면 거의 사라진다. 마지막 기록은 1525년 10월 13일(양력 10월 28일)이다. 유행병 시작 기록과 마찬가지로 평안도 관찰사인 김극성이 올린 보고였다.

> 평안도 관찰사가 장계狀啓하였다. "7~8월 이후에 여역으로 사망한 사람이 숙천 23명, 함종 16명, 양덕 17명, 가산 3명입니다."

짧고 건조한 문장이다. 지난 2년 동안 평안도 사람들은 유행병에 걸릴 만큼 걸리면서 벌써 죽었거나 자연스레 집단면역이 생겼고, 피난할 사람은 이미 평안도를 떠났다.

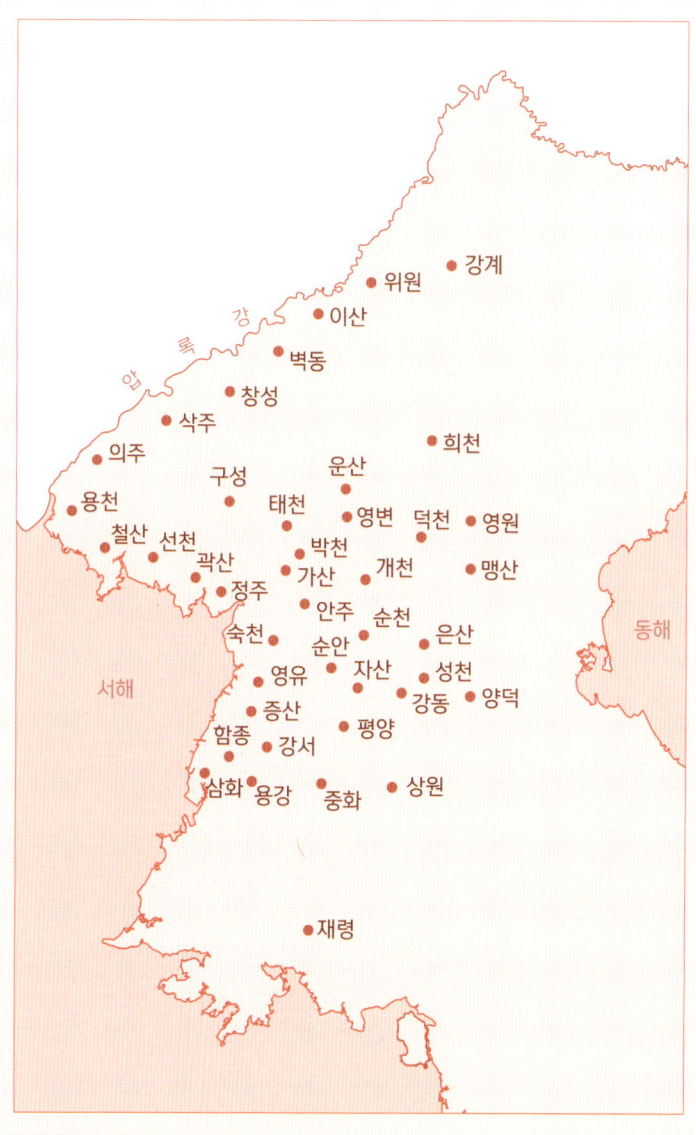

그림 18
1525년 2~10월 유행병 발생 지역

4. 폭발: 1525년 2월~10월

하늘과 사람은 하나의 이치라는 천인상응론

전쟁과 기근 후에는 유행병이 발생한다. 역사를 통해 자연스레 축적된 경험칙인데, 조금 더 들여다보면 전쟁·기근과 유행병 사이에는 매개 고리가 필요하다. 현대의 우리는 그 매개 고리에 '대응력 약화'와 '병원체'를 집어넣는다. '전쟁·기근으로 인해서 인구밀집도가 올라가거나 질병 저항력이 낮아진 상태에서는, 병원체가 더욱 쉽게 침입하여 유행병이 발생한다'라고 이해한다. 즉 전쟁·기근 → 대응력 약화 → 병원체 침입 → 유행병 발생의 논리 구조이다.

반면 중종 대의 지식인들에게는 세균·바이러스 같은 병원체 개념이 없었다. 평안도 유행병이 보고된 직후인 1524년 7월 26일에 장순손은 중종에게 "무릇 여역이 일어나는 것은 전쟁 뒤 또는 기근 끝에 천기天氣가 불순不順함에 따라 생깁니다."라고 말하였다.

이 말에서 천기 불순이란 천지 사이에 화기和氣(조화로운 기운)가 손상되고 여기戾氣(나쁜 기운)가 가득 찼다는 뜻이고, 백성들이 고통받으면서 민심民心이 악화되었다는 의미였다. 하늘과 사람은 하나의 이치라는 전통적인 사고방식이었다. 즉 장순손은 전쟁·기근 → 천기 불순(민심 악화로 인한 화기 손상과 여기 충만) → 유행병 발생으로 이해하였다. 민심 악화의 원인은 전쟁을 일으키거나 기근을 방치한 지배층의 잘못 때문이었다. 국왕이나 사족士族들의 잘못으로 백성들이 억울하게 죽어 여귀가 되거나 유리함에 따라 유행병이 발생한다는 천인상응론天人相應論이었다.

그런데 민심 악화의 원인으로는 전쟁·기근만 있는 것이 아니었고, 민심 악화의 결과로는 유행병 외에 천문 이변이나 가뭄 같은 재앙도 나타날 수 있었다. 국왕으로 대표되는 지배층의 잘못은 그 종류가 자못 많았다.

중종이 제시한 '잘못의 종류'로는 ①선정善政하려는 정성精誠이 부족하거나, ②스스로 진실되게 반성하지 못하거나, ③신료들의 직언直言을 잘 듣지 못하거나, ④옥사獄事에서 억울한 일이 생기거나, ⑤토목공사를 번다하게 벌이거나, ⑥법령이 한결같지 않거나, ⑦지방관들이 직무를 태만하여 백성들이 의지하지 못하거나, ⑧능력있는 이들 대신 어리석은 이들이 정치에 참여하는 것이었다. 물론 ①-⑧ 이외에 다른 잘못들도 추가될 수 있었다. 전쟁이나 기근은 ①선정하려는 정성이 부족하거나, ③신료들의 직언을 듣지 못한 잘못에 해당한다. 다시 정리하면, ①-⑧ 등의 잘못 → 민심 악화 → 화기 손상과 여기 충만 → 재앙 발생의 논리 구조였다.

그러나 사람들은 정성精誠을 눈으로 관찰하지 못한다. 즉 우리가 직접 경험하는 것은 '선정하려는 정성'이 아니라 유행병 사망자들이다. 따라서 거꾸로 유행병 창궐의 원인을 찾아가야 한다. 이 과정에서 ①-⑧ 등의 여러 잘못 가운데 어느 것으로 해석하느냐에 따라 유행병을 가라앉히는 해법이 갈릴 수밖에 없었다. 귀에 걸면 귀걸이, 코에 걸면 코걸이라는 말처럼 다양한 논쟁이 가능한 것이 천인상응론이다.

따라서 천인상응론은 중종 대의 유행병에 대해서만 사용된 것이 아니었다. 고려시대의 유행병 대응에서도 천인상응론이 등장하였음은 앞에서 말하였다. 중종 대의 유행병은 바로 뒤에서 본격적으로 다루기로 하고, 다른 종류의 천인상응론 사례를 두 가지만 짧게 소개하겠다.

1525년 초에 중종은 세조의 왕릉인 광릉에 참배하려고 결심하였다. 참배를 준비하고 있는 상황에서 갑자기 태양에 이변이 생겼다. 겹으로 햇무리가 지면서 태양 양쪽으로는 귀 같은 모양이 보이고 흰 무리가 태양을 꿰뚫는 등의 천문현상이 관측되었던 것이다.

일반적으로 태양은 군주를 상징하므로 태양의 이변은 큰 변괴였다. 특히 흰 기운이 태양을 침범한 것은 병란兵亂의 조짐으로 해석되었다. 신료들은 광릉 참배를 중지하자고 중종에게 건의하였다. 중종의 최측근에 해당하는 도승지 김희수조차 불안감을 표시하면서 동조하였다.

그러나 신료들의 직언直言에 대한 중종의 반응은 단호했다. "마땅히 해야 할 일을 재변이 있다고 해서 정지할 수는 없는 것이고, 마땅히 할 일을 한 다음에야 천변天變도 해소되는 것이다." 중종은 광릉에 가서 친히 제사를 모시는 일이야말로 재변에 대한 올바른 대응이라고 판단하였다. 실제로 중종은 며칠 뒤에 광릉 참배를 강행하였다.

반면에 신료들의 주장이 관철되는 경우도 있었다. 영산군寧山君 이전李恮은 중종보다 2살 어린 이복동생이었다. 중종 대에 영산군은 여러 번 역모에 연루된 혐의로 황해도에 유폐되었다. 영산군을 아꼈던 중종은 오랜 가뭄의 원인을 화기和氣 손상으로 해석하였다. 중종은 형제간의 우애友愛, 즉 화기를 회복한다는 명분으로 영산군을 한양 근처로 옮겨서 살게 해주려고 하였다.

중종의 의견에 대해 신료들은 모두 반대하였다. 영산군 자신의 잘못으로 종결되었던 사안이어서 이번 가뭄은 영산군의 유폐 문제로 생긴 것이 아니라는 주장이었다. 결국 종사宗社에 관계되는 문제여서 함부로 처리할 수 없다는 신료들의 집단 반발에 중종도 단념하였다.

감선철악을 철회한 중종

중종 대의 신료들은 유행병을 야기하는 화기 손상의 원인으로 평안도 백성들의 불만과 억울한 옥사를 지목하였다. 1525년 3월 2일 대사간 채침蔡忱 등이 상소를 올렸다. 이미 의주에 성을 쌓느라 백성들이 다치거나 죽어 나갔는데, 여진족과의 전쟁을 치르는 과정에서도 엎드러진 시체가 즐비하게 되면서 평안도 백성들의 시름이 화기를 손상하였고 백성들의 원한은 훈증하여 유행병이 되었다는 것이었다.

또한 김극성도 전쟁으로 인한 고통과 옥사로 인한 원망이 재변을 일으켰다고 회고하였다.

> 사람들이 평안도의 여역 발생은 백성들을 수고롭히고 대중을 동원하여 성城을 쌓고 구축驅逐을 한 소치라고 합니다. 소신이 평안도의 관찰사 시절에 직접 보니, 당초 여진인을 구축할 때 강계江界에서는 길이 매우 멀어 30여 일을 노숙하고 큰 고개를 넘느라고, 구축할 곳에 이르기도 전에 고통과 피로가 이미 극도에 달했었습니다. 많은 사람이 죽은 것은 모두 이런 때문입니다. (중략)

또한 소신이 감옥에 적체된 죄수들을 보건대, 더러는 살인이나 강간으로 오래 구금되어 7~8년이 되도록 미결로 있는 사람이 있었습니다. 비록 실제로 죄가 있는 사람이라 하더라도 오래 갇혀 있으려면 오히려 원통하고 답답할 것입니다. (중략) 범죄를 저지르지도 않았는데 오래 감옥에 갇혀 있으면, 어찌 화기를 손상하여 재변을 부르지 않겠습니까?

백성들의 원억冤抑이 쌓여서 여기沴氣를 만들고 사람들에게 감염되었다는 민심=천심의 논리였다. 이에 더해 백성들의 불만을 가중시키는 것이 억울한 옥사였다. 그렇다면 이 고통을 어떻게 없앨 수 있는가? 만약 국왕의 책임이라면 국왕이 정성껏 수성修省하면 되었다. 앞서 나온 잘못의 종류를 상기하자면 ②국왕이 스스로 진실되게 반성하면 되는 일이었다.

조선에서는 천인상응론을 단순히 사변적인 논의로만 간주하지 않았다. 극심한 가뭄에 정종이 하루 종일 반성하고 근신하자 비가 억수같이 내렸다고 기록한 것은 천인상응론에 대한 조선 사람들의 믿음을 잘 보여준다. 국왕이 수성하면 자연의 질서를 실제로 바로잡을 수 있다고 믿었던 것이다.

국왕이 수성하는 모습을 상징하는 조치는 피전·감선·철악이었다. 자연재해가 발생하면 국왕이 정전正殿을 피해서 생활하는 피전避殿, 음식 가짓수를 줄이는 감선減膳, 음악을 울리지 않는 철악撤樂이 왕왕 시행되었다. 이 조치들은 근신 중인 국왕을 시각적으로 보여주었다. 중종 역시 피전·감선·철악을 드물지 않게 실행하였다. 평안도 유행병 때도 마찬가지였다.

그러나 피전·감선·철악은 현실적인 부작용도 컸다. 국왕이 정전을 피하면 제대로 정무를 볼 수가 없는 데다 대신大臣을 만날 공적인 장소가 없어지는 사태가 발생했다. 추운 날씨에는 대신들을 위해 장막을 치기도 했지만 대신들이 배례拜禮할 곳조차 매우 좁았다. 진법陣法을 연습하는 습진習陣이나 무과武科 시험 등의 군사와 관련된 중요한 업무들도 정지되었다. 철악을 하게 되면 궁궐에서 진행하는 진연進宴·진풍정進豊呈·양로연養老宴 같은 각종 의식이 직접 영향을 받았다.

이 때문에 재변을 막는다는 피전·감선·철악이 겉치레에 불과하다는 지적이 신료들로부터도 나올 정도였다. 국왕이 정무를 지체하지 않고 보는 것이 오히려 하늘의 경고에 응답하는 길이라는 소리였다. 피전·감선·철악이 필수적인 대응은 아니었던 것이다.

그런데 더 곰곰이 생각해 보면 흥미로운 논리가 이 지점에 존재하고 있다. 피전·감선·철악했음에도 불구하고 유행병이 사라지지 않는 경우에는 국왕이 잘못한 탓이 아닐 수가 있었다. 유행병이 도무지 그칠 기미가 없자 1525년 1월 29일에 중종은 감선철악을 그만두었다.

> 예조에 전교하였다. "유행병은 재변이어서 경계하고 두려워해야 하므로 이미 감선철악하게 하였다. 그러나 유행병이 그치는 것은 기약이 없고, 조정에 임하는 것을 오랫동안 폐지하는 것도 마땅하지 않으니, 감선철악을 하지 말라."

이 문장은 조심해서 읽어야 한다. 표면상의 명분은 조정에 나아가 신료들을 만나지 못하는 애로가 있다는 것이었다. 그러나 중종의 속내는 자신의 잘못이 없다는 의미였다. 중종이 감선철악했는데도 유행병이 멈추지 않았기 때문이다. 정종 대에 비가 내렸던 경우와는 달랐다. 중종은 감선철악이 아니라, 조정에 임해서 다른 조치를 취해야 한다고 보았다. 다시 말하면 지배층의 잘못이 무엇인가를 원점에서 재검토해야 할 시점이었다.

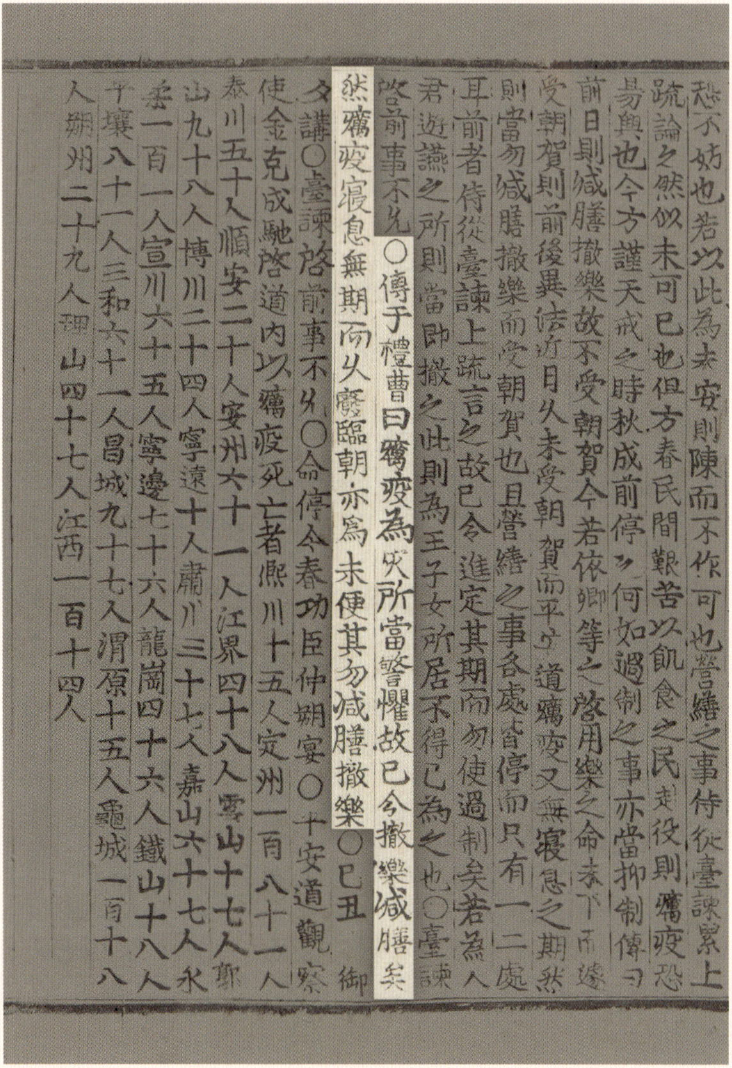

恐不妨也若以此為未安則陳而不作可也營繕之事侍從臺諫累上疏論之然似未可已也但方春民間艱苦以飢食之民赴役則癘疫恐易興也今方謹天戒之時秋成前停之何如過制之事亦當抑制傳曰前日則減膳撤樂故不受朝賀今若依卿等之啓用樂之命未下而遽受朝賀則前後異待近日久未受朝賀而平安道癘疫又無寢息之期然則當勿減膳撤樂而受朝賀也且營繕之事各處皆停而只有一二處耳前者侍從臺諫上疏言之故已令進定其期而勿使過制矣若為人君遊讌之所則當卽撤之此則為王子女所居不得已為之也○臺諫啓前事不允○傳于禮曹曰癘疫為災所當警懼故已令撤樂減膳矣然癘疫寢息無期而以久廢臨朝亦為未便其勿減膳撤樂○己丑御夕講○臺諫啓前事不允○命停今春功臣仲朔宴○平安道觀察使金克成馳啓道內以癘疫死亡者熙川十五人定州一百八十一人泰川五十人順安二十人安州六十一人江界四十八人雲山十七人郭山九十八人博川二十四人寧遠十人肅川三十七人嘉山六十七人永柔一百一人宣川六十五人寧邊七十六人龍岡四十六人鐵山十八人平壤八十一人三和六十一人昌城九十七人渭原十五人龜城一百十八人朔州二十九人理山四十七人江西一百十四人

그림 19

1525년(중종 20) 1월 29일의 『중종실록』 기록. 평안도 유행병이 멈추지 않자 중종은 감선 철악을 철회하였다. 서울대학교 규장각한국학연구원 소장

백성들의 부담과 조선 정부의 부담

중종은 백성들의 고통을 직접 덜어주는 감세減稅와 소방疏放이 필요하다고 판단하였다. 여러 종류의 잘못 가운데 ①선정善政하려는 정성이 부족했던 것이므로, 이제부터는 선정을 펼치겠다는 의지였다. 1525년 벽두부터 세금 감면과 형벌 사면이 본격적으로 제기된 이유였다.

조선에서 백성들이 부담해야 하는 대표적인 의무로는 전세田稅, 공물貢物, 역역力役이 있었다. 전세는 쉽게 말해 토지세로서 조세租稅라고도 불렀다. 조선은 본래 농업국가였으므로 농토農土에서 거두어들이는 전세는 국가 재정 수입의 대부분을 차지하는 중요한 항목이었다.

공물 혹은 공부貢賦는 백성이 살고 있는 지역의 특산물을 바치는 것이었다. 원래는 현물을 바치는 데서 비롯하였으므로 공물이라고 불렀다. 평안도 지역이라면 대표적으로 인삼人蔘을 들 수가 있는데 수납하는 감찰監察 등이 인삼을 점검하다 퇴짜 놓는 경우들도 많았다. 퇴짜를 맞으면 평안도로 돌아가서 새로 준비해야 했으므로 민폐가 매우 컸다.

나중에는 공물을 쌀이나 베 같은 화폐로 계산하여 납부하는 경향이 등장했다. 조선의 백성들을 괴롭혔던 방납防納은 공물 대납업자가 국가에 공물을 대신 바치고 그 대가를 백성으로부터 과도하게 뜯어내던 일을 말한다. 방납의 폐단이 아니더라도, 드물게 산출되어 마련하기 어려운 공물인 경우에는 전답과 재산을 모두 팔아 다른 지방에 가서 비싸게 사 올 정도로 고통스러웠다.

역역은 두 가지로 나뉜다. 무상으로 노동력을 징발하는 요역徭役이 있었고, 군역軍役처럼 사회 신분에 따라 부과되는 직역職役이 있었다. 평안도의 요역은 힘든 것으로 소문이 났다. 백성들은 성城을 쌓거나 보수하고, 평안도를 가로지르는 사신단의 이동을 지원하고 짐들을 운반하는 따위의 요역으로 항상 부산하였다. 또한 변경에서 사는 평안도 백성들의 군역 부담은 말할 것도 없이 무거웠는데, 여진족 축출 작전에서 보았듯이 가끔은 그 백성이 전사戰死해야 끝나기도 하였다.

한편 궁궐에서 필요로 하는 물품을 바치는 진상進上도 세금에 준하는 성격을 가지고 있었다. 진상의 부담도 만만치 않았다. 심하면 1달에 2회 상납할 정도로 빈번했던 데다 그 물품도 각양각색이어서였다. 주로 식료품이었지만 약재, 기구, 장식품 등도 진상되었다.

그런데 조선 정부의 입장에서 보자면 전세, 공물, 역역이나 진상은 국가를 지탱하는 수입원이었다. 제로섬게임처럼 한쪽에 이익이 생기면 반대쪽에는 손해가 발생하는 구조였다. 따라서 구조적으로 국가와 백성 사이에는 갈등이 생길 수밖에 없는데, 유행병이나 기근 같은 재해가 발생하면 그 갈등은 폭발할 가능성이 높아졌다.

그 폭발력의 강도에 따라서 백성들은 집단으로 민란民亂을 일으키거나 또는 각자 야반도주하여 유망하였다. 어느 쪽이든 국가의 수입원이 망가졌다. 국가를 유지하기 위해서는 조선 정부에서도 부담을 느낄 수밖에 없었던 것이다. 조선 정부로서는 이러한 갈등이 실제로 폭발하지 않도록 세금 징수의 비등점을 조절할 필요가 있었다.

감세減稅 논쟁 — 민생民生인가? 재정財政인가?

중종은 "민생들이 시름하고 한탄할 일이 없게 된다면 재변은 해소될 수 있다."라고 말하였다. 여기에서 민생民生은 백성과 동의어이기도 하지만, 백성들의 편안한 삶을 의미하기도 하였다. 민생을 안정시키는데 긴요한 감세는 『경국대전』에도 규정되어 있는 비상조치였다. 1525년 2월 4일 기록에는 감세를 제안하는 조인규趙仁奎의 건의가 수록되어 있다.

> 의약醫藥으로 구료하는 일은 옛적에도 했었는데, 이번에 모두 이미 시행했으니 다시 할 만한 것이 없습니다. 다만 감세減稅는 옛사람들도 시행한 것이니, 이번에도 시행함이 어떠하리까?

감세는 그 이전부터 조금씩 논의되기 시작하였다. 1월 9일부터 신료들이 전세田稅, 공물貢物, 진상進上의 감면을 검토하였던 것이다. 이 가운데 전세 면제는 사망자 현황을 먼저 조사하기로 논의하였다. 공물은 햇수를 한정해 줄여주고 실태를 조사하기로 결정하였는데, 그 대상 지역은 전국이 아니라 유행병이 창궐하는 평안도

그림 20
1886년(고종 23) 평안도에서 진상進上한 약재들을 기록한 「평안도관찰사남진상단자平安道觀察使南進上單子」. 평안도 관찰사인 남정철南廷哲이 백청白淸 3두斗, 녹용鹿茸 4대對, 오미자五味子 2두斗를 진상한다는 내용이다. 서울대학교 규장각한국학연구원 소장

였다. 진상도 곧바로 축소시켰으나, 평안도의 진상품으로 제한하였다. 신료들은 감세 조치에 소극적인 자세였다.

더 나아가 중종이 몇 차례 추진한 전세 감면을 신료들은 정면에서 반대하였다. 평안도에서 거둔 전세는 평안도의 군량미로 사용되는데 저축이 부족한 현재로서는 감세를 시행할 여력이 안 된다는 이유에서였다. "구차하게 그럴듯한 명성을 바라느라 갑자기 전세를 줄여서는 안 됩니다."라거나 "전세는 진실로 감할 수 없습니다." 라는 반대가 빗발쳤다. 끝내 중종도 전세 감면이 아름다운 일이기는 하지만 국고 고갈이 염려된다면서 신료들의 의견을 따랐다.

하지만 전세 감면을 단념하면서 중종은 슬쩍 신료들에게 책임을 전가하는 일도 잊지 않았다. 중종은 백성의 부모인 자신이 자주 세금을 감면해주어도 백성이 혜택을 입지 못하는 이유, 달리 해석하면 유행병이 지속되고 백성들이 고달픈 이유는 지방 수령들이 현명하지 못하여 국왕의 지시를 제대로 집행하지 못한 탓이라고 말하였다. 앞서 나온 '잘못의 종류'에서 찾아보면 ㉠지방관들의 직무 태만에 해당한다.

이처럼 중종의 거듭된 지시에도 불구하고 신료들이 완강하게 전세 감면을 반대한 논리는 재정 악화였다. 부연하자면 '국가는 백성을 근본으로 삼는다[國以民爲本]'라는 말처럼 백성의 안정이 바로 조선의 안정이었다. 국왕과 신료들은 모두 국가의 안정을 추구하였다. 그러나 현실에서는 백성의 민생과 국가의 재정이 충돌하고 있었다. 영의정 남곤을 비롯한 신료들은 연도가 지나서 환수가 어려워진 환자 감면에 동의하는 정도였다.

환자[還上] 감면의 딜레마

세금은 아니지만 환자[還上] 역시 백성들에게는 부담이 되었다. 환자란 국가에서 비축해 둔 의창義倉의 곡식을 활용하는 대여제도였다. 춘궁기에는 백성들에게 곡식을 빌려주었다가 가을철에 곡식을 수확하면 거두어들였다. 이 때문에 환곡還穀이나 공채公債라고도 불렀다. 이론적으로는 백성들의 생계를 지켜주는 완벽한 사회안전망이었다. 조선의 백성 대부분은 환자가 없으면 살아갈 수 없을 정도였다.

그런데 실제로 운영해보면 재해가 너무 빈번해서 백성들이 곡식을 제대로 반납하기 어려웠다. 게다가 거의 매년 일어나는 흉년과 기근에 대응하느라 의창 곡식을 더욱 많이 채워야 했다. 의창 곡식이 부족해지면 전쟁에 대비한 군량미까지 동원하는 일도 흔했다.

반면 "평안도에서는 재변이 많고 경기도에서는 가뭄이 들어 백성들이 살 수 없으니, 지나간 해들의 환자를 감면해준다."라는 식의 면제 조치가 속출하였다. 물론 백성들의 생업을 유지해주려는 취지였다. 그렇지만 갚지 않아도 되니 환자를 지급받은 백성들 사이에서는 이를테면 도덕적 해이가 만연해졌다. 적자 상태의 환자제도를 운영하느라 국가 재정이 휘청이는 사태는 피할 수가 없었다. 이론과 현실의 간극은 컸다.

이에 더해서 환자 감면 조치마저도 기존의 환자 운영 시스템과 충돌했다. 1524년 유행병이 시작되자 평안도에서는 온 가족이 사망한 경우에 한해서 지방관이 이 해의 환자[還上]를 재량껏 줄여주었다. 다만 그 이전부터 밀려있던 환자까지 소급해서 감면해준 것은 아니었다.

그러자 평안도 지방관들은 28~29년이 지난 환자까지 독촉하여 거둬들였다. 환자를 받은 백성이 이미 사망했다면 그 친척은 물론이고 이웃 사람에게 징수하였다. 심지어는 유행병으로 사망한 집에서 아직 시신을 염斂하지도 못하였는데 환자를 독촉하여 회수하기도 하였다.

지방관들이 이토록 심하게 몰아붙인 까닭이 없지는 않았다. 지방관들은 임기를 마칠 때 해유解由 문서를 작성해서 후임자에게 업무를 인계해야 했다. 이 문서에는 당연히 지방관이 관리하던 전곡錢穀과 물품들도 빠질 수가 없었는데, 여기에는 환자도 포함되어 있었던 것이다. 환자를 마음대로 처리하여 지방관 자신이 피해를 감수하려고는 하지 않았다.

이 때문에 1525년에 들어서는 더욱 적극적인 환자 감면 정책이 모색되었다. 중종이 환자 감면의 햇수를 늘리는 방안을 강구하라고

의정부에 지시하자, 신료들은 평안도에 한정해서 온 집안이 죽은 경우에는 모든 해의 환자를 완전히 없애주자고 화답하였다.

  그러나 환자의 담당 부서인 호조戶曹에서는 그 감면 효과에 대해서 부정적이었다. 1525년 1월 17일에 호조판서 안윤덕安潤德, 호조참판 조옥곤趙玉崑, 호조참의 서후徐厚가 나란히 모여서 다음과 같은 의견을 피력하였다. 판서·참판·참의는 호조의 서열 1-3위이므로 담당 부서의 공식적인 입장이라고 판단할 수 있다.

> 평안도는 유행병이 바야흐로 치성熾盛하므로 부득이 법률을 너그럽게 적용해야 하나, 지나간 해들의 환자를 감면하는 일은 백성이 실제 혜택을 입지 못합니다. 아전衙前이 이를 기회로 간사한 짓을 하여 한갓 나라의 곡식만을 허비할 뿐입니다.

  호조의 책임자들은 현장에서 환자를 운영하는 아전들의 농간을 심각하게 여기고 있었다. 각 고을의 아전들은 환자를 회수하면서 자문尺文이라고 부르는 영수증을 발급해주지 않았다. 환자를 회수한 근거가 남아 있지 않은 셈이었다. 간사한 아전들은 다시 백성들에게 환자를 반납하라고 재촉하여 자신들의 뱃속을 채웠다. 평안도 아전들의 경우에는 이미 회수한 환자를 아직 회수받지 못한 것처럼 속인 후에, 환자 면제를 적용해버리면 끝이었다. 국가에서 감면해준 환자의 혜택은 평안도의 백성이 아니라 아전들을 윤택하게 만들고 있었다.

결국 1525년 7월 12일에 의정부에서는 국왕에게 새로 건의를 하였다. 연도가 지난 환자를 무작정 면제해줄 수는 없으므로, 그 피해 상황을 자세히 보고받은 후에 처리하자는 제안이었다. 환자를 회수하는 것도, 그렇다고 면제해주는 것도 쉽지 않은 난감한 상황에 부딪히고 있었다. 공동체를 유지하려는 국가의 의지와 사익을 추구하려는 개인의 탐욕 사이에서 벌어지는 또 다른 간극이었다.

소방疏放 논쟁 — 차율次律인가? 정의正義인가?

소방疏放이라는 단어가 있다. 범죄를 재심하여 가벼운 죄수를 방면하는 등의 관대한 처분을 뜻한다. 자비로운 형벌이라는 의미의 휼형恤刑과도 비슷한 표현이다. 1525년 2월 4일, 중종은 소방을 검토하는 중이었다.

> 내가 재변을 해소할 방도를 모르겠다. 매번 가까운 신하들은 자주 사면해서는 안 된다고 한다. 하지만 이 유행병은 모두 여기戾氣의 소치인데, 여기는 대부분 형옥刑獄 사이의 원통하고 억울한 일 때문에 생기는 것이다. 소방하는 조치 하나가 재변을 해소한다고 할 수는 없다. 그러나 이번에 어느 죄 이상을 소방하여 인심이 화열和悅해진다면 혹시 여기가 해소될 수도 있으니, 그 시행 여부를 삼공三公에게 의논하라.

중종의 지시에 따라 무거운 형벌을 덜어주기 위한 사면이 논의되었다. 신료들은 사면 조치에 반대하였다. 신료들의 논리는 이러했다. 사면은 죄를 지은 소인小人들에게나 요행이 되는 일이니 자주 사면하는 것은 온당하지 못하다, 또한 비교적 사소한 장형杖刑 100

대 이하의 죄수만 석방하는 조치로는 국왕의 진정성이 하늘에 전달되지도 못한다. 무엇보다 간사한 죄인을 용서하는 일이야말로 오히려 정의正義를 무너뜨리는 행위라는 것이었다.

유행병 상황이 악화되자 2월 14일에 중종은 다시 한 번 사면 대상의 확대를 의정부에서 검토하도록 지시하였다. 중종의 논리는 이러했다. 장형 100대 이하의 죄수만 석방하는 일은 가벼운 대응이 맞다, 그러니 전국으로 대상을 넓히고 도형徒刑 1년 이하의 죄수들까지 놓아주자, 그러면 민심이 기뻐하게 되므로 유행병이 해소될 수 있다는 것이었다. 둘 다 전형적인 천인상응론이었다.

결국 이튿날 신료들이 절충안을 제시하였고, 중종도 이 절충안에 동의하였다. 중종의 지시대로 도형 이하의 죄수들을 다시 심의하여 석방하되, 적용 지역은 유행병이 창궐하는 평안도로 한정하고, 평안도에 임시로 파견되는 관리에게 그 재량권을 부여한다는 내용이었다. 이렇게 되면 평안도의 억울한 죄수들이 원통함을 풀 수 있어서 평안도에서는 화기和氣가 커질 것이라는 기대였다. 아울러 평안도 유행병 때문에 전국의 죄수들까지 방면함으로써 결과적으로 전국의 소인들이 이익을 보는 일은 피할 수 있다고 생각하였다.

평안도의 실정을 가장 잘 파악하고 있는 관리는 평안도 관찰사인 김극성이었다. 1525년 3월 11일에 김극성 역시 소방과 관련된 건의를 올렸다. 역모 같은 극악한 대죄大罪는 용서할 수가 없지만, 그 외의 잡범雜犯에 해당하는 사형죄라면 그 억울함을 다시 검토해서 웬만하면 살려주자는 내용이었다. 규정된 법률 조항보다 한 단계 낮게 처벌하는 차율次律을 건의한 것이었다.

특히 김극성은 사형에서 감해준 죄수들을 평안도로 이주시킴으로써, 사형수에게는 살아날 기회를 주고 평안도에서는 비어있는 땅을 채우자고 제안하였다. 평안도를 다스리는 관찰사의 흥미로운 제안이었는데, 조정에서도 정언호鄭彦浩 같은 사람은 동일한 내용을 건의하였다. 하지만 중종은 '중죄인에게는 사형을 집행하는 것이 마땅하다'라는 이유로 거절하였다.

억울한 형옥刑獄의 고통

유행병의 원인으로는 재판 중인 사람들의 억울함도 지목되었다. 앞서 나온 '잘못의 종류'에도 ④억울한 옥사獄事가 들어 있다. 판결을 내지 못한 채 시간을 오래 끌면서 고문을 되풀이하는 일은 피의자와 그 가족들의 원억寃抑을 초래하는 중대한 일이었다.

유행병이 창궐하던 1524년 10월 1일에 기록된 이숙녕李叔寧이 대표적이었다. 전주全州의 정병正兵 이숙녕의 혐의는 자기 아내를 때려서 죽인 일이었다. 그런데 그의 범죄가 살인죄인지 상해치사죄인지가 애매하였다. 이숙녕은 다른 흉기를 사용하지 않고 주먹으로만 때렸고, 무엇보다 구타와 사망 사이에는 시간 간격이 있어서 구타를 직접적인 사망원인이라고 단정하기도 어려웠다. 이를 조사하려고 형신刑訊이 반복되었다. 형신은 매질을 하는 고문이다.

조정에 보고된 조사 기록에 따르면, 사건 발생 후부터 1517년(중종 12)까지 21차례 형신을 가한 후에 전라도에서 조사 결과를 보고했더니 형조刑曹에서는 살인죄 여부를 재조사하라고 지시하였다. 다시 12차례 형신한 후에 전라도에서는 추가로 형신해야 하는지를 보고했다. 형조에서는 더 형신해야 한다는 의견을 나타냈다. 그 뒤로 1522년(중종 17)까지 34차례 이숙녕을 형신했는데, 형조에서는

그림 21

〈형정도刑政圖〉. 전근대에는 흔히 사건 조사에 형장刑杖이 동반되었다. 고문이 일상적으로 행해졌다는 뜻이다. 국립민속박물관 소장

살인죄가 분명하므로 석방할 수 없다는 의견을 고수했다. 이에 26차례 다시 형신하면서 이때까지 이른 것이었다. 형조는 여전히 이숙녕을 용서할 수 없다는 입장을 의정부에 보고하였다.

결국 이숙녕은 9년 동안 투옥된 채로 93차례의 형신을 받았는데 판결이 나지 않았다. 이 과정에서 전라도에서는 조사 결과를 형조에 4차례 보고하였고, 자백하게 만들기 위해 이숙녕에게 형장刑杖을 썼다. 살인죄라는 형조 의견을 무시하기 어려웠던 의정부에서는 일단 사형으로 판단하되, 이러한 정황까지 함께 국왕에게 보고하였다. '살인죄는 매우 중대한데 어떻게 해야 할지 모르겠으므로 국왕에게 여쭙는다'라는 말이 의정부의 최종 의견이었다. 중종은 사형을 감형하라고 판결하였다. 이숙녕은 사형이 마땅하지만, 가장인 남편이 아내를 죽인 경우에는 사형을 감형했던 사례가 있는 데다 이숙녕을 다시 형신할 수는 없다는 이유에서였다.

이 무렵의 또 다른 형옥 사례로는 윤원손尹元孫을 들 수 있다. 윤원손의 신고를 받고 보성寶城에서 굿덕仇叱德이라는 여자를 체포하여 형장하는 일이 벌어졌다. 윤원손은 굿덕이 자기의 노비인데 도망쳤던 것이라고 주장하였다. 그런데 굿덕은 자기 신분이 노비가 아니라 양녀良女임을 밝혔다. 문초를 당하면서 억울해하던 굿덕은 스스로 목을 매어 죽었다. 규정에 의거하여 굿덕을 검시檢屍해보았더니, 굿덕의 입에 넣은 은비녀의 색깔이 변하였다. 널리 알려져 있듯이 은銀은 독毒과 접촉하면 변색된다.

이제 소송은 굿덕 독살사건으로 비화했다. 독살 혐의자가 윤원손이었음은 물론이다. 양녀를 억압하여 천인賤人으로 만들려고 하다가 처벌받게 된 윤원손이 굿덕을 독살했다는 혐의였다. 합리적인 의심이었다. 그러나 윤원손은 범행을 극구 부인하였다. 자신은 독약을 사용한 적이 없으며, 굿덕은 형장을 견디지 못해 자살했다고 주장하였다.

윤원손이 과연 살인을 했는지, 아니면 억울한 누명을 썼는지를 밝히기 위한 조사가 10년이나 진행되었다. 그동안 윤원손에 대한 형장 신문이 52차례나 벌어졌다. 이 와중에 옥졸獄卒이었던 사람도 사건의 실체를 알지 않을까 하여 41차례나 형장을 당했다.

당시 조선에서 사용하던 법의학서法醫學書인 『무원록無寃錄』에는 독살 판별에 대해 다음과 같이 규정하고 있었다.

> 절반이 진짜인 은銀은 더러운 것에 닿으면 즉각 변하게 되므로, 반드시 십품은十品銀으로 시험하여 조각수皂角水로 씻어도 달라지지 않은 다음에야 독약을 쓴 것을 알 수 있다.

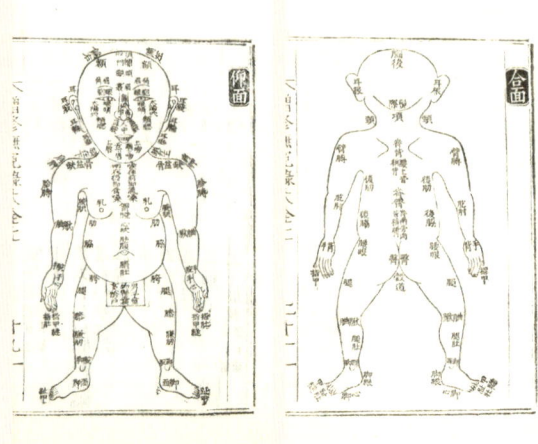

그림 22
1796년(정조 20)에 제작된 『증수무원록대전增修無寃錄大全』에 실린 검안 참고 자료이다. 서울대학교 규장각한국학연구원 소장

다시 설명하자면, 원래 은이란 더러운 물질과 닿으면 변색되는 게 당연하므로, 순도가 높은 순은純銀을 사용하되 변색된 순은의 색깔이 조협皂莢이라는 약재로 우린 물에 세척한 뒤에도 변색된 채로 있어야 독살이 인정된다는 말이었다.

그런데 시간이 오래된 탓에 굿덕의 검시 때 순은으로 만든 은비녀를 썼는지가 매우 의심스러웠다. 과다하게 행해진 고문은 사건의 실체를 더욱 흐릿하게 만들었다. 결국 이 보고를 받은 중종도 "윤원손이 독약을 쓴 사건은 50여 차례나 형장 신문했고, 은비녀 일도 증거

될 만한 것이 없으니 이는 매우 의심스러운 옥사獄事이다."라고 판단하였다. 윤원손으로서는 억울함이 하늘을 찌를 일이었다.

　죄수 가족들의 원망도 만만치가 않았다. 사건 조사가 다 끝났는데도 일부 죄수들은 처결이 늦어지는 경우가 있어서였다. 평안도 죄수의 가족들로서는 유행병이 퍼져있는 상태에서 옥바라지를 하고 있는데, 한양에 보고된 재판이 하염없이 지체되느라 매우 답답해하는 일들도 벌어졌다. 이 문제점을 지적하는 과정에서 '오뉴월 서리' 이야기가 신료들 사이에서 나왔다. 권균이나 김극성은 "지어미가 원통한 마음을 먹으면 오뉴월에 서리가 내린다."라는 말을 반복하여 인용하면서 재판에 연루된 가족들의 원억이 화기를 손상하고 재변을 일으킨다고 지적하였다.

　중종이나 신료들도 백성들의 원망을 잘 알고 있었다. 여러 차례 중종도 "사람의 억울함은 형옥刑獄보다 큰 것이 없는데, 지체하여 결단하지 않은 경우들이 있다."라거나 "재해와 이변 발생이 확실하게 어떤 일의 반응이라고 할 수는 없지만, 형옥은 화기和氣를 손상시킴이 더욱 크다."라고 지적하였다. 원억 해소를 위해서 중종은 재판을 서두르라고 자주 지시하였다. 그러나 3심까지 진행하는 사형 판결은 간단한 일이 아니었다. 서두르다가 또 다른 억울함이 생길 수도 있어서였다. 재판 지연은 불가피한 측면이 있었다.

국왕의 본심과 신료들의 본심

신료들이 신속한 재판이나 소방을 주저했던 이유는 법률의 형평성 때문이었다. 섣부른 판결이나 차율로 인해서 중죄인이 경솔하게 석방된다는 주장이었다. 신료들은 "사면은 양민良民들에게 심하게 해가 된다."라는 옛말을 인용하는 것도 잊지 않았다.

하지만 신료들 주장의 이면裏面에는 엄격한 법치 시행이나 건전한 재정 운영을 넘어선 사고방식이 자리잡고 있었다. 그것은 유행병의 원인, 다시 말하면 여기戾氣가 왜 생기는가에 대한 근본적인 인식 차이였다. 신료들이 판단하기에, 여기 횡행은 천지의 화기和氣가 어그러졌기 때문이고, 화기가 어그러진 책임은 하늘을 대리한 국왕에게 있었다. 유행병이 악화되자 신료들이 소방과 감세 대신 국왕인 중종의 공구수성恐懼修省을 새롭게 다시 거론하기 시작한 이유였다.

구체적으로 1525년 5월 정옥형과 홍언필 등은 동중서董仲舒를 반복해서 인용하면서 중종을 압박하였다. 국왕이 스스로 똑바로 해야 백성들이 화평해지고 화기가 감응한다는 논리였다. 이즈음 유행병 창궐의 정치적 책임을 중종에게 전가하는 장면은 좌의정 이유청李惟淸의 발언에 잘 드러나 있다.

> 화기는 상서를 가져오고 여기는 이변을 가져오게 되는 것이어서, 이변이 생기는 것은 반드시 여기의 소치입니다. 옛사람이 '천자는 이변을 만나면 덕을 닦고, 제후는 이변을 만나면 정사를 닦는다'라고 하였습니다. (중략) 지난날 재변이 있을 때에 더러 소방했었지만 재변이 해소되었다는 말은 들어보지 못했고, 한갓 소인들만 다행하게 되었으니 유익함은 없고 손해만 있었습니다. 바라건대 더욱 수성修省해야 할 뿐입니다.

신료들의 주장에 중종은 강하게 반박하였다. 중종은 백성들을 위로하기 위해서라면 세금 감면과 형벌 사면이 유용하다고 판단하였다. 중종은 전국의 관찰사들에게 "지방관들이 자기 직임을 다하지 않고 백성들을 괴롭히는 바람에 원망이 두루 일어서 화기를 범하게 한 것이 아닌가?"라고 책망하였다. 신료들의 잘못으로 세정稅政과 형정刑政이 어그러진 탓에 원억寃抑이 발생했던 것이므로, 군신君臣 모두의 반성을 통해 바로잡자는 게 중종의 본심이었다. 이러한 맥락에서 중종은 감선철악조차 철회하여 버렸던 것이다.

반면 신료들의 논리에는 기존의 세정과 형정이 올바르게 집행되고 있다는 전제가 깔려있었다. 신료들은 "평안도 여역은 전하께서

수성하실 계기가 됩니다. 전하께서는 의심스러운 데가 있으면 반드시 신료들에게 묻고, 막히는 데가 있으면 반드시 바로잡아야 합니다."라고 말하였다. 대사간 채침은 재변을 해소하기 위해서는 대신들을 극진하게 예우禮遇하라고 중종에게 요구하였다. 국왕과 신료들 사이에서 정치적 책임을 서로에게 떠넘기는 공방은 유행병 기간 내내 줄기차게 되풀이되었다.

기후 불순이라는 자연 현상을 '화기 손상'이라는 관념으로 해석하는 순간, 기후 불순으로 생기는 유행병의 문제는 어떻게 여기를 없애고 화기를 회복할 것인가라는 정치적 논의의 대상이 된다. 이렇게 본다면 천인상응론은 유행병 창궐로 인한 사회적 갈등을 정치 영역에서 해소하는 기능을 담당하고 있었다. 그런데 지배층에서는 자신들의 정치적 이해관계에 따라 천인상응론을 다른 방식으로 적용하였다. 국왕의 수성修省 대對 군신 모두의 수신修身이 대립하였던 것이다.

입거 이야기 3 — 결국, 백성

유행병 초기부터 입거정책이 시작된 이래 여러 잡음이 생겼다. 평안도에 채워 넣으려는 의도에서 죄수들을 색출했던 것이 대표적이다. 본말전도였다. 당시에도 "죄상을 적발하여 입거민으로 충원한 것이 아니라, 억지로 찾아내서 입거시키려고 하므로 원망이 비등하고 있다."라는 사실을 잘 알고 있었다. 죄 없는 일반 백성들을 이주시키기 어렵다는 판단으로 인한 고육책이었다.

평안도 입거정책의 다른 문제는 유행병 사망자가 새로 들어갈 입거민보다 많다는 점이었다. 1525년 8월 1일 현재 평안도의 입거 입원은 2,697명인데, 사망자는 22,349명이나 되었다. 입거할 숫자가 터무니없이 부족하자 입거민들을 요해지要害地인 변방 고을에 많이 배치하고, 내륙 고을에는 조금만 보내는 방안이 검토되었다.

그런데 입거정책을 추진하면서 또 다른 문제점이 불거지고 있었다. 사건의 발단은 진주의 생원生員인 손난직孫蘭直이었다. 유향소留鄕所(지방 품관들의 자치기구)에서 풍속을 바로잡으려 했던 그는 '수령을 고소한다', '못되게 송사하기 좋아한다'라는 아전의 모함을 덮어쓰고 입거민으로 뽑혔다. 이에 진주의 유생들이 손난직의 원통함을 중종에게 상소하였다.

중종은 대신들과 논의하여 손난직의 입거를 해제하였는데, 이 처분을 계기로 손난직처럼 생원이나 진사 출신은 평안도 입거민에서 제외하게 된 것이었다. 이어서 과거科擧 합격자 본인을 넘어서 사족士族이라고 부르는 지배층의 입거를 재검토하는 모습이 나타났다. 1525년 8월에 벌어진 일이었다.

이때 중종은 사족을 걱정하였다. 사족이란 노비가 없으면 살림을 꾸려나갈 수 없는데, 사족이 평안도에 입거하게 되면 노비들은 모두 도망할 터이고, 사족이 직접 나무하고 물긷고 하다가 유망하게 되리라고 우려하였다. 결국 사족을 이주시켜봐야 변방을 채우지도 못하고 그저 사족을 욕되게 만들 뿐이라는 명분이 만들어졌다. 중종은 입거민으로 뽑힌 생원·진사 등의 사족에게는 너그럽게 차율次律을 적용하라고 지시하였다. 손난직에게 적용된 것이 바로 차율이었다.

사족에게 특혜를 주는 방향으로 급선회하자, 이제는 사족의 피가 일부 들어 있는 평민平民이나 천민賤民을 어떻게 할 것인지가 논란이 되었다. 실무 부서에서는, 내사조內四祖와 외사조外四祖 양쪽에 모두 현관顯官이 있는 사람은 차율을 적용하여 입거 대상에서 제외하자고 건의하였다. 내사조는 아버지 쪽의 부·조부·증조 및 외조부를 가리키고, 외사조는 어머니 쪽의 사조를 가리킨다.

한 걸음 더 나아간 사람은 국왕인 중종이었다. 그는 내사조와 외사조 가운데 어느 쪽이든 현관이 있으면 입거를 면제하는 방안까지 검토하라고 지시하였다. 그런데 의정부에서 검토한 결과, 사조四祖 중 한쪽만 현관인 사람들 가운데에는 천민賤民도 섞여 있다면서 반대하였다. 다시 말하면 친가와 외가 중 한쪽이 현관이더라도 본인이 천민이면 입거 대상이었다.

입거 대상을 둘러싸고 혼선이 벌어지자 삼공三公 즉 영의정·좌의정·우의정이 나섰다. 원래 자신들이 제안한 내용에는 내사조·외사조라는 말이 없었으며, 단지 '당사자의 내이조內二祖와 외이조外二祖에 모두 현관이 있는 사람'이라고 아뢰었다는 것이었다. 이에 삼공의 의견을 받아들이는 김에 헷갈렸던 '현관顯官'의 범위도 명확하게 규정하였다. 동서반東西班의 정직正職 5품 이상과 감찰監察·육조낭관六曹郎官·부장部將·선전관宣傳官·현감縣監이 현관이었다.

사족들이 이처럼 평안도 입거를 면제받는 동안에 천민·평민과 '각 고을의 워낙 나쁜 향리鄕吏 및 각사各司의 아전 중에 죄가 있는 사람'의 이주 방식은 여전히 가족 전체의 전가입거全家入居였다. 그러나 앞서 보았듯이 향리·아전들은 입거 대상에서 쏙쏙 빠져나갔다. 이들 토호의 입거 방침은 거의 껍질만 남은 상태였다.

그 대신 천민·평민의 신분을 지닌 일반 백성들의 입거는 강화되었다. 호주戶主가 죽거나 도망해버린 경우에도 나머지 가족들을 평안도로 이주시켰다. 그전에는 호주가 자살하면 그 가족들의 입거를 면제해주었다. 전가입거는 워낙 부담되는 일이어서 평창현에서는 입거에 뽑힌 것 때문에 원망을 품고 살인을 저지르기도 하였다.

1525년 말의 기록에 따르면, 이주 과정에서는 사람들이 도망치는 사고가 빈번했다. 조정에서는 입거민을 데려가는 관리들이 잘못한 탓이라고 판단하였다. 제대로 입거민을 단속하지 못한 전령傳領·차사원差使員·도사都事는 일단 파직한 후에 조사하도록 지시하였다. 중종은 징계의 표본으로 파주목사 양계벽梁季鼊·고양군수 신억수申億守·양재찰방 양형梁炯을 우선 파직하였다.

반면 김극성의 1526년(중종 21) 회고는 평안도의 민심을 내보인다. "의주에 새로 성을 쌓은 뒤 범죄자들을 뽑아서 이주시켜 채우고 있습니다. 일찍이 절도죄를 범한 자들이 다시 방자하게 도둑질을 하므로 성안이 시끄러워지고, 더러는 일을 실패하고 도망해버려 도리어 성을 채우는 본의가 없게 되었습니다. 그래서 의주 사람들은 '차라리 성을 채우지 못할지언정 범죄자는 보내지 말기 바란다'라고 합니다." 평안도의 원주민들은 입거정책 때문에 평안도가 악질들로 가득 찬다고 불만이었던 것이다.

중종도 평안도 백성들과 마찬가지로 악질들을 싫어했다. 다른 점은 악질들을 배제하는 지역이 한양이라는 것이었다. 1525년 9월 14

일에 중종은 아직도 한양 안에 있는 입거민들을 한양의 오부五部에서 색출하도록 지시하였다. 이에 앞서 중종은 평안도로 입거하게 된 지방 죄수들이 한양에서 떼로 모여있는 것을 불허하였다. 9월 5일 이전에 지방으로 되돌아가도록 이미 법을 세운 상태였다.

대신에 중종은 입거민들을 평안도에서 안집安集시키라고 평안도 관찰사에게 계속 지시하였다. 1525년 12월 27일, 김극성의 후임으로 평안도 관찰사를 맡은 윤은보尹殷輔가 중종에게 부임 인사를 올렸다. 이 자리에서 중종은 더 이상 평안도 유행병을 언급하지 않았다. 중종은 하위 지방관의 감독, 국경 방어와 함께 입거민에 대한 지원을 지시하였다. 이에 윤은보 역시 "입거민 가운데 호주가 죽거나 도망해 버린 경우에 처자들만 그곳으로 옮겨가면 경작할 만한 땅도 없이 외로이 벌판에 있다가 얼어 죽거나 굶주려 죽음을 면하지 못합니다. 이런 자들은 부실富實한 가호에 붙여주고서 지방관들로 하여금 마음을 다해 돌보도록 해야 하고, 소신도 순찰하며 점검해야겠다고 여깁니다."라면서 의지를 내보였다.

유행병으로 황폐화된 평안도를 다시 채우는 사람들은 사족이나 토호라고 지칭되는 지배층이 아니었다. 결국 다른 도의 백성들이었다.

5

평안도 유행병, 그 후

계속되는 일상 – 재해에 맞서는 조선

유행병이 사실상 소멸한 1525년 11월 26일, 드디어 김극성의 평안도 관찰사 임기가 끝났다. 김극성金克成(1474~1540)은 22살이던 1496년(연산군 2) 생원시에서 장원을 하였고, 2년 뒤의 별시 문과에서도 장원으로 급제한 인재였다. 평생 3번이나 예조판서를 지낸 문반이었지만, 일찍부터 문무를 겸비한 인물로 알려져서 의주목사와 경상우도 병마절도사도 역임하였다.

여진족과의 전쟁을 준비하던 1523년 말에 평안도 관찰사로 원래 낙점되었던 인물은 김굉金硡이었다. 하지만 김굉의 부임 직전에 무재를 갖춘 인물이 파견되어야 한다는 의견이 대두하면서 이조판서 김극성이 평안도 관찰사로 임명된 것이었다. 김극성은 여진족과의 전쟁을 지원하기 위해 평안도로 부임했지만, 대부분의 재임 기간 동안 그는 평안도 유행병의 대응에 몰두하다가 2년 만에야 조정으로 복귀하게 된 것이었다. 이 기간에 그는 자식의 결혼 때도 한양으로 돌아오지 못하였다.

김극성이 올린 1525년 10월 13일 자 보고가 평안도 유행병의 마지막 기록이었다. 그렇지만 조선에서 유행병이 사라진 것은 물론 아니었다. 중종은 가끔 "온역瘟疫은 없는 때가 없다."라고 탄식

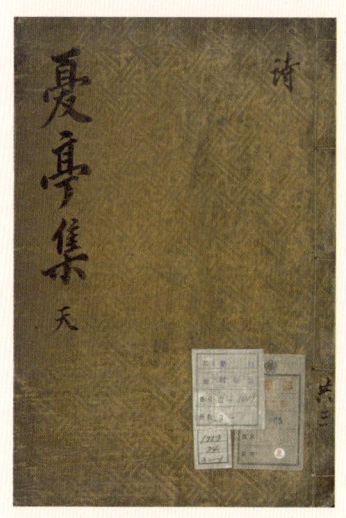

그림 23
김극성의 문집인 『김선생우정집金先生憂亭集』이다.
한국학중앙연구원 장서각 소장

하였다. 또한 조선 후기라고 해서 유행병이 자취를 감추지는 않았다. 1613년(광해군 5)의 성홍열猩紅熱, 1786년(정조 10)의 마진痲疹, 1798~1799년(정조 22~23)의 호역胡疫, 1821~1822년(순조 21~22)의 콜레라虎列剌 등은 막대한 인명 피해를 끼쳤다.

평안도 유행병이 사라진 후 몇 달도 지나지 않아 새로운 유행병이 찾아왔다. 이번에는 충청도였다. 1526년(중종 21) 2월 1일 충청도 관찰사 윤인경尹仁鏡은 "도내에서 유행병으로 죽은 사람이 460여 명입니다."라고 보고하였다. 이 보고를 받자마자 중종은 다음과 같이 지시하였다.

충청도에서 여역으로 많은 사람이 죽어서 지극히 놀라우니, 사망자가 몇 명이고 병의 기세가 가라앉게 되는지를 계속 보고해야 한다. 또 사망자가 이미 460여 명이나 되는데도 병의 기세가 점점 만연된다면 때에 맞춰 구제하지 못하게 될 것이다. 그러니 평안도의 전례대로 약재를 내려보내 정성껏 치료하도록 하고, 또한 중앙中央에서 제사 지낼 것을 예조에 말하라.

중종의 이러한 반응은 기시감旣視感이 든다. 우리가 평안도 유행병에서 지켜보았던 대응책의 되풀이였다. 또한 비슷한 시기인 2월 19일에 함경도 경성鏡城에서는 유행병으로 온가족이 몰사하는 등 438명의 사망자가 발생하였다. 중종은 충청도의 전례에 따라 약재 배급과 의관 파견을 예조에 지시하고, 함경도에는 제단을 설치하여 제사 지내도록 하였다.

다른 재변 기록을 조사해보면, 평안도 유행병이 소멸된 직후인 1525년 11월 6일부터 11일까지 함경도의 길주·명천·경성 등에는 큰 눈이 내렸다. 4-5자씩이나 쌓일 정도였다. 밤에는 광풍狂風이 몹시 불어서 집들이 바닷물에 잠겼다. 이를 피하려던 사람들은 눈 속에 빠져 얼어 죽기도 하였다. 연안의 백성들이 절반이나 사망하고, 고기 잡는 배들은 한 척도 남아 있지 않았다. 경성에서만 죽은 사람이 무려 100여 명이나 되었다. 이에 중종은 풍재와 수재를 피하느라 흩어진 사람들은 구제하고, 사망자에게는 규정된 휼전恤典(구제에 관한 특전)을 시행하라고 관찰사에게 지시하였다.

『천금방千金方』에서는 "자연에서는 한 해라도 맹추위와 무더위가 기승을 부리지 않는 해가 없으며, 사람에게는 하루라도 근심과 기쁨이 없는 날이 없다[天無一歲不寒暑, 人無一日不憂喜]."라고 하였다. 중종 대의 기록을 읽다 보면 흉년이 들지 않는 해가 없고 기근으로 고통받지 않는 해가 없다. 조선시대 전체로 시야를 넓혀도 유행병과 자연재해가 발생하지 않는 해가 없듯이 이러한 재변에 대응하지 않는 해도 없었다. 그렇다고 해서 모든 일상이 동일한 모습으로 무한 반복하는 것은 아니었다. 느리기는 하지만 변모하는 양상도 나타났다.

변모하는 일상 – 교화를 내세운 조선

평안도 유행병을 거치면서 변화한 의료적 대응의 하나는 『간이벽온방』을 계속 활용하는 것이었다. 1526년(중종 21) 3월 4일 중종은 유행병에 시달리는 경기도·충청도·함경도·전라도의 관찰사에게 지시를 내렸다. 마땅히 약으로 치료해야 하는데, 국왕이 내려보낸 『간이벽온방』 중에서 어느 약으로 몇 사람이나 치료했는지를 보고하라는 내용이 포함되어 있었다. 당시 각 도에서 몇백 명 내지 몇천 명씩 유행병으로 사망하자 중종이 내린 명령이었다.

중종 대 이후에도 『간이벽온방』이 임상에서 사용된 이유는 그 효과를 인정받아서였다. 약재나 처방의 구체적인 쓰임새를 추적해보자면, 석웅황은 중종 대 이후에도 유행병 퇴치에 실용되었고, 『고사촬요』의 향소산·십신탕은 『간이벽온방』의 그것과 치료 목적이나 복용법이 동일하였다.

하지만 무엇보다 중요한 변화는 강상綱常을 강조하는 문화의 조성이었다. 『중종실록』에서는 1525년 평안도 유행병이 끝나갈 무렵부터 가족의 생명을 구하는 단지할고斷指割股(치료를 위해서 손가락을 자르고 넓적다리 살을 베어냄)와 부인의 정절貞節을 강조하는 기록들이 증가하고 있다. 이해 9월 29일에는 평안도 관찰사 김극성이 "상원에 사는 유학幼學 나규羅奎의 아내는 품행이 독실하여 남편이 죽자 뒤따라서 죽었으니, 마땅히 포상해야 합니다."라고 국왕에게 아뢰었다.

이듬해인 1526년 1월 23일에는 "의흥에 사는 양녀良女 유금有今은 자기 몸을 아끼지 않고 손가락을 끊어 할아버지의 병을 치료했고, 공주에 사는 양한필梁漢弼의 아내 고씨高氏는 절개가 특이하므로, 정문旌門하고 복호復戶했다."라는 기록이 남아 있다. 윤리를 앞세워서 효자와 열녀를 표창함으로써, 궁극적으로는 국가의 기강을 바로잡으려는 새로운 캠페인의 시작이었다.

이 캠페인의 맨 앞에는 국왕인 중종이 서 있었다. 1526년 2월 12일 충청도 관찰사 이환李芄이 부임 인사를 올리자 중종은 "풍습을 고치고 세속을 바꾸는 데는 교화敎化의 역할이 큰 법이다. 외방外方에는 교화가 미치기 어렵기 때문에 풍속 또한 아름답지 못하니, 이 일을 먼저 해야 한다."라고 하여 백성들에 대한 교화를 가장 우선시하였다.

국왕이 자신의 마음을 바로잡기 위해서는 공구수성이 필요했는데, 구체적으로는 피전·감선·철악의 실천이 요구되었다. 앞서 말한 내용이다. 마찬가지로 백성들의 마음을 바로잡기 위해서는 교화가 필요했는데, 구체적으로는 부모에게 효도하고 국왕에게 충성하며 남편에게 순종하는 실천이 요구되었다. 교화를 전국적으로 시행하기 위해서는 이들 효자孝子·충신忠臣·열녀烈女를 찾아서 표창함으로써 만백성의 롤모델을 제시할 필요가 있었다. 즉 교화의 목표는 삼강오륜三綱五倫이 확립된 유교국가였다.

다음 달인 3월 26일에 황해도 관찰사가 효자 후보로는 옹진 정병正兵 호계현胡繼賢·문화 사노私奴 시종時種·전 녹사錄事 이권李權·은율 유학幼學 박훈朴薰을 보고하고, 열녀 후보로는 송화 갑사甲士 이숙문李叔文의 아내 김씨 등을 보고하였다. 중종은 작은 땅인 황해도조차 이러한데 사람이 많은 하삼도下三道에서는 왜 이러한 사례를 아뢰지 않느냐고 질책하였다. 그리고 각도 관찰사에게 효자와 열녀를 모두 자세히 보고하라고 명령하였다. 전국의 관찰사들 사이에 효자·충신·열녀를 조사하는 열풍이 불었다.

중종은 이들 효자와 열녀의 표창에도 만전을 기하도록 하였다. 이틀 뒤인 3월 28일에 중종은 주무 부서인 예조에 다음과 같이 지시하였다.

> 절의節義를 숭상하여 장려하는 것은 교화를 일으키는 근본이다. 문서로 보고함으로써 절의를 권장하는 법이 법전法典에 실려 있는데, 요사이 방치하고 거행하지 않으니 지

극히 불만이다. 그중에 특이한 사람들을 자세히 탐문하여 보고하고, 또한 이미 정표旌表해 준 것이 퇴락하여 방치되었으면 조사하여 수리하도록 하라.

이 정도로 국왕이 선도하면 신료들은 따르기 마련이었다. 혹시 황효헌黃孝獻을 기억하는가? 평안도에 유행병이 창궐하자 여제 실시를 건의하였고, 국왕을 대신하여 여제 제문을 지은 후에, 직접 평안도로 파견되어 여제 헌관으로 활동했던 사람이다. 이 황효헌이 1526년(중종 21) 5월 20일 강원도 관찰사에 임명되었다.

관찰사로 부임한 지 두 달도 채 되기 전인 7월 15일, 황효헌은 중종의 지시에 부응하는 보고를 올렸다. 신명화의 아내인 이씨에 관한 보고였다. 읽는 이의 흥미를 끌기 위해 미리 말한다면, 다음 이야기는 신사임당申師任堂의 어머니에 대한 것이다. 율곡栗谷 이이李珥의 외할머니 기록이기도 한 셈이다.

강원도의 절부 이씨李氏

강릉부의 진사進士인 신명화申命和의 아내 이씨는 천성이 순수하였다. 그녀는 항상 『삼강행실도三綱行實圖』를 외웠다. 『삼강행실도』는 1432년(세종 14)에 설순偰循 등이 세종의 명으로 만든 윤리서倫理書였다.

그림 24
김극일金克一의 효행을 기록한 『동국삼강행실도東國三綱行實圖』. 일반 백성들도 이해하기 쉽도록 그림과 함께 한글로도 설명을 덧붙였다. 김극일은 어머니의 몸에 난 종기[疽]를 빨아내어 낫게 만들었고, 병든 아버지의 예후를 살피기 위해서는 아버지의 대변을 맛보았다. 이른바 연저吮疽와 상분嘗糞이다. 김극일의 효성이 알려지자 1464년(세조 10)에 정문旌門이 세워졌으며, 이 이야기는 『신증동국여지승람』과 『속삼강행실도』에도 수록되었다. 김극일의 손자가 바로 김일손金馹孫이다. 서울대학교 규장각한국학연구원 소장

이 책의 「효자편」, 「충신편」, 「열녀편」에서는 각각 효자·충신·열녀에 관한 35개 사례를 뽑아서 그 언행을 찬미하였다. 글로만 설명된 책이 아니었다. 그 언행을 이해하기 쉽도록 그림으로도 묘사하였다. '우매한 백성'들도 자연스레 감화받도록 편집했던 것이다. 책 제목에 나와있듯이, 삼강三綱을 앞세워서 조선을 유교국가로 만들려는 의욕이 잔뜩 담긴 책이었다.

이씨는 도리를 다해 부모와 남편을 섬겼는데, 1521년(중종 16)에 친정어머니 최씨崔氏가 감염병으로 세상을 떠났다. 부음訃音을 들은 신명화는 한양에서 강릉으로 내려왔다. 그런데 신명화도 감염병에 걸리는 바람에 위독한 지경에 빠졌다. 이때 신명화의 나이는 45살, 나중에 신사임당으로 불리게 될 그의 둘째 딸은 17살이었다. 신명화는 호흡이 가빠지고 숨이 여러 번 끊어졌다가 가까스로 다시 이어졌다. 남편이 죽을까 걱정한 이씨는 밤낮으로 하늘에 기도하였다.

그러던 어느 날 새벽, 이씨는 몰래 신명화의 패도佩刀를 가지고 선조先祖의 묘에 올라갔다. 그녀는 향불을 피워 예배禮拜하고서 기도하였다.

> 제가 남편을 따른 지 20여 년이 되었습니다. 그간 남편은 불의不義한 짓을 하지 않았고 저도 남편의 뜻을 저버린 적이

없습니다. 그런데 하느님께서는 어쩌면 이다지도 가혹한 벌을 내리십니까? 저는 이미 어머니를 여의었으니 바라볼 데라곤 남편뿐입니다. 남편마저 저를 버리게 된다면 저 혼자 구차스럽게 이 세상을 살 수 있겠습니까?

이어서 이씨는 자신의 왼손 중지中指를 패도로 잘랐다. 이른바 단지斷指였다. 피가 철철 흘러 흥건히 괴었다. 그녀는 남편이 이 사실을 알까 싶어 전혀 내색하지 않았다. 그날 밤 이씨의 꿈에 대추만한 약이 하늘에서 떨어졌는데, 다음날 신명화는 씻은 듯이 나았다.

이로부터 5년 후에 황효헌이 강원도에 부임하자 이씨를 포함하여 유학幼學 최응록崔應祿, 삼척부 유학幼學 김숭손金崇孫, 양구현 호장戶長 유혼柳渾 등의 미담을 보고하게 된 것이었다. 한 달 뒤 조선 정부에서는 신명화의 아내 이씨에게 『대전大典』에 규정된 대로 정문旌門하고 복호復戶하여 주었다. 정문이란 정표문려旌表門閭의 줄임말이다. 붉은 칠을 한 문門을 가리키는데 충신, 효자, 열녀 등을 기리기 위하여 설치하였다. 정문이 대표적인 명예 수여라면, 복호는 호역戶役을 감면하는 경제적인 보상이었다.

이씨에 대해서는 외손자인 이이李珥(1536~1584) 역시 깊은 기억을 가지고 있었다. 이이는 「이씨감천기李氏感天記」나 「외조비이씨묘지명

外祖妣李氏墓誌銘」 등을 통해 외할머니의 삶을 기록하였는데, 특히 교리직을 사임한다는 상소인 「사교리소辭校理疏」에서 다음과 같이 적었다.

> 소신은 아이 적에 강릉의 외가에서 자랐습니다. 외조모 이씨께서 쓰다듬고 안아주며 자상히 돌보아주셨으니 소신이 받은 은혜와 사랑은 극진하였습니다. 소신은 일찍이 어머니를 잃었으므로 그분을 어머니처럼 받들었고, 외조모께서도 아들이 없었으므로 소신을 자식과 같이 의지하시며 뒷날의 일을 모두 저에게 의탁하셨습니다. 명목은 비록 외조모와 외손이지마는 정분은 사실상 모자母子입니다.

신사임당은 어머니 이씨로부터 여성의 규범과 학문을 배워서 현부賢婦로 성장했다고 알려져 있다. 하지만 신사임당에게 가장 인상적인 가르침은 처녀 시절에 강릉에서 경험한 어머니의 단지와 표창이었을 것이다. 이이 역시 외할머니의 단지한 왼손이나 정문旌門을 바라보면서 여러 생각을 했을 것이다. 흔히 중종 대에는 조선사회의 유교화儒敎化가 두드러진다고 평가한다. 유행병 등으로 흐트러진 사회 질서를 다잡기 위해서는 삼강을 앞세운 교화를 추구할 필요가 있었다.

입거 이야기 4 – 5년 뒤의 평가

1530년(중종 25) 5월 12일 아침, 중종은 조강朝講에 참석하는 중이었다. 조강은 국왕을 위한 공부 모임인 경연經筵 가운데 이른 아침에 열리기 때문에 붙여진 명칭이다. 조강을 포함한 경연에서는 다양한 서적을 읽는 과정에서 조정의 현안들이 자주 토의되었다.

이날 시강관侍講官 황헌黃憲은 평안도 입거의 문제점을 지적하였다. 그는 죄수들을 입거시키는 것은 변방을 튼튼히 하려는 취지였지만, 지방관들이 이들을 전혀 구제하지 않는다고 비판하였다. 특히 각 역驛이 잔폐해져 있어서 비록 분배分配된 사람들이 있더라도 즉시 도망가는데, 입거민들이 안주安住하지 못하는 제일 중요한 이유는 찰방察訪이 보호해주지 않기 때문이라고 말하였다. 물론 비판에는 과장이 섞이기 마련이니, 글자 그대로 입거민이 한 명도 빠짐없이 도망간 것은 아니었다.

어쨌든 황헌의 언급으로 미루어 죄수들이 평안도에 실제로 입거하였다는 것을 알 수 있다. 조정의 계획대로였다. 그리고 지방관들이 제대로 신경쓰지 않았다는 것도 알 수 있다. 조정의 계획과는 반대였다. 특히 역민驛民들이 잔폐해진다는 것은 교통망 운영에 문제가 생긴다는 뜻이고, 결국은 조선의 지방통치에 악영향을 미치게 된다는 의미였다. 5년 전에 평안도 관찰사로 부임했던 윤은보尹殷輔의 포부가 무색해졌다.

부임 인사를 올리면서 윤은보가 중종에게 약속한 내용은 바로 앞에서 말하였다. 호주도 없이 입거하는 처자들을 부실富實한 가호에 붙여주고, 지방관들에게 돌보도록 하며, 자신도 관찰사로서 순찰하며 점검하겠다는 약속이었다.

황헌의 날카로운 지적에 중종도 수긍하였다.

> 이주되는 백성들은 모두가 완악하여 죄罪를 지은 사람들인데, 이러한 사람들을 편히 살게 하자면 어찌 어려운 일이 아니겠는가? 이들은 도망가기가 쉽고 보살펴주기는 어려우니, 지방관이 각별히 단속하지 않는다면, 백성을 이주시켜 변방을 튼튼히 하려는 뜻이 어디에 있겠는가?

중종과 신료들의 대화 속에는 평안도 사람들에 대한 당시의 인식이 드러난다. 평안도 사람들은 대체로 죄인들 출신인 데다 흔히 폭력성을 지니고 있어서 제어하기 어렵다는 것이다. 이것이 오랫동안 조선에서 북쪽 지방 사람들[西北人]을 천시하게 된 편견의 한 뿌리일 것이다.

그럼에도 불구하고 조정으로서는 다른 선택지가 없었다. 지방관들이 입거민들을 각별하게 단속함으로써 변방을 지키도록 만들어야 한다는 소리가 이어지고 있었다. 국왕을 정점으로 하는 조선의 지배층이 평안도 백성들을 대하는 양면성이었다.

흥미로운 점은 이 조강 자리에 윤은보도 참석하고 있었다는 사실이다. 발언 기회를 얻은 그는 입거정책의 원칙으로부터 시작하였다. 입거의 원칙은 장정壯丁이 많은 부실富實한 집을 고른 후에 각종 지원책을 마련해주는 것이었다. 국가에서는 특별히 집을 지어 살게 하고, 토지를 지급해서 먹게 하였다. 만일 토지 개간 능력이 없는 입거민이라면, 그곳 원주민原住民의 토지를 지급하여 정해진 연한年限 동안 농사를 짓도록 만들어서 안주시킨다고 하였다. 이어서 윤은보는 아주 짧게 평안도의 현실을 덧붙였다.

> 죄를 짓고 입거하게 된 사람의 경우는 이미 혈혈단신인 데다 또 어떻게 생활해 나갈 방도가 없으니, 누가 그런 타향에 붙어 살 수 있겠습니까? 그러므로 들어갔다가 금방 도망가곤 하는 것입니다.

이에 앞서 윤은보는 평안도 관찰사 임기를 마치고 1527년(중종

22) 12월 15일에 동지중추부사同知中樞府事로 제수되어 한양으로 복귀하였다. 만 2년 동안 평안도를 다스렸던 윤은보가 평안도 입거의 실태를 너무나 냉정하게 평가하고 있다. 그의 부임 포부를 상기해 보면 낯설기조차 하다. 평안도 입거는 이렇게 삐걱거리면서 진행되고 있었다.

6

마무리하며

이 책에서는 조선 전기 유행병의 창궐 사례로서 1524~1525년(중종 19~20)의 평안도 유행병을 살펴보았다. 누구나 알듯이 평안도는 조선의 북쪽 관방關防이었다. 사신단이 왕래하고 물자들이 교역되는 교통로이기도 하였다. 빈번한 교류는 인구밀도를 증가시키는 효과를 가져왔다. 유행병이 발생할 여건이 어느 정도 갖추어지고 있었다.

 여기에 더해서 1524년 무렵 평안도의 현안은 의주 지역의 성城을 쌓거나 보수하면서 압록강 유역의 여진족을 쫓아내는 일이었다. 1월 초에는 여연·무창에서 여진족을 축출하는 대규모 군사작전이 실행되었다. 노동력이 소요되고 전투 사상자가 발생하는 일이었다. 무엇보다도 평안도 각 지역 사람들의 상호 접촉이 늘어날 수밖에 없었다. 이 와중에 티푸스로 추측되는 유행병 병원체가 의주 지역에 침입하였다. 불꽃이 튀듯이 유행병은 순식간에 번져나갔다.

 1524년 1~8월이 유행병의 1단계였다. 1월부터 사망자가 나타난 곽산이 유행병 발생 지역으로 유력하다. 초기에는 용천·의주·철산의 피해가 컸고, 구성과 삭주로 유행병이 전파되었다. 유행병 소식은 뒤늦게 7월 7일에야 보고되었다.

평안도 관찰사의 보고를 받자마자 조선 정부는 급박하게 움직였다. 진휼·매장 같은 구제救濟 조치, 의관 파견·약재 지급 같은 시료施療 조치와 함께 여제厲祭 같은 종교적 조치가 순차적으로 실시되었다. 각각 유행병 사망자, 유행병 환자, 살아남은 자들을 위한 대응이었다. 이미 조선 초기부터 관례화된 방식들이기도 하였다. 고려시대의 유행병 대응을 토대로 삼아서 재해에 대비한 시스템이 국가 차원에서 제도화되었던 것이다.

이러한 정형화된 조치 가운데 조선 초기와 달라진 부분도 있었다. 불교 수륙재나 도교 초제가 위축된 것은 1500년대의 새로운 변화였다. 민간신앙에 대해서도 음사淫祀라며 배척하였다. 즉 중종 대에 유교 원리가 조선사회를 강하게 규정하면서 국가 제사의 형식, 절차, 내용이 변동하면서 위계화位階化가 진행되었다.

한편으로는 유행병 발생 지역이 평안도이기 때문에 서둘러야 할 조치도 있었다. 평안도는 관방이었기에 조선 정부에서는 평안도를 원래 상태로 되돌리려고 하였다. 국왕과 신료들의 입장에서 보자면 평안도의 사망자를 새로 보충하는 입거入居가 시급한 현안이었다. 그러나 이주민의 입장에서 보자면 입거는 살아있는 땅에서 죽음의 땅으로 옮겨가는 과정이었다. 백성들은 생존을 우선시하는데, 조정에서는 영토를 우선시하고 있었다.

조선 정부에서는 죄수와 그 가족까지 변방으로 이주시키는 전가입거를 해결책으로 들고 나왔다. 이주 대상으로는 사회적 폐단을 일으키는 방납防納하는 무리들이나 관찰사·수령에 맞서는 지방의 토호들도 포함되어 있었다. 통치 질서에 방해되는 이들을 한꺼번에 정리하겠다는 계획이었다.

그런데 유행병은 멈추지 않고 1524년 9월~1525년 1월의 2단계로 진입하였다. 9월 이후에 잠시 주춤하던 유행병은 내연內燃하면서 남북 방향으로 조금씩 확산되었다. 도피하는 백성들의 몸에 유행병 병원체도 잠복한 채로 이동하였던 것이다. 유행병은 1524년 12월과 이듬해 1월이 되면 급증하는 사망자를 통해 자신의 위력을 드러냈다.

이에 조선 정부에서는 여제를 실시하기도 하였으나, 가장 눈에 띄는 대응은 『간이벽온방簡易辟瘟方』의 간행이었다. 세종 대의 『의방유취』와 『향약집성방』을 토대로 1525년 1월에 편찬된 『간이벽온방』은 백성 개개인이 질병에 맞설 수 있도록 해주었다.

『간이벽온방』에는 기존의 민간 경험방과 동일한 처방들도 포함되어 있어서 백성들에게 낯이 익었다. 효과가 좋다는 심리적인 위약효과를 줄 수 있었던 것이다. 아울러 소독이나 목욕, 정기적인 훈증 처방 등은 유행병에 대한 경각심을 높여서 평안도 유행병 전파를 저지하는 실제 효과도 충분하였다. 따라서 『간이벽온방』은 유행병에 대응하는 효과가 있었다고 평가할 수 있다.

한편 2단계에서도 입거는 여전히 현안이었다. 그런데 1524년 9월 이후에 사망자가 일시적으로 줄어들자 조선 정부는 방심하였다. 어사들을 소환하고 관찰사들이 입거민을 선발하도록 바꾸었다. 실정에 맞춰서 조용히 처리하겠다는 구상이었으나 동시에 입거 원칙이 훼손되었다. 호강한 품관과 원악한 향리로 지칭되던 지방의 토호들이 입거 대상에서 빠져나간 것이다. 그럼에도 국왕은 각 도의 관찰사를 믿고 입거를 진행하겠다는 뜻을 밝혔다.

하지만 이 시기의 입거정책은 또 다른 문제점을 노출하고 있었다. 이미 유행병 사망자가 입거민보다 많았던 것이다. 누군가는 평안도로 이주해야 했다. 바로 힘없는 백성들이었고, 입거 대상인 백성들 가운데는 애매한 사람들도 포함되어 있었다. 입거민들에게는 평안도 이주가 공포스러운 일이어서 평안도로 옮기느니 죽음을 택하기도 하였다.

마지막 3단계는 1525년 2~10월 사이의 유행병 폭발이다. 사망자 역시 눈덩이처럼 커졌음은 두말할 나위도 없다. 10월까지 유행병은 42개 지역에서 치성하면서 평안도 전역을 빼곡하게 뒤덮었고 누적 사망자는 22,972명에 달하였다.

유행병에 대한 제도적, 의료적 대응이 한계에 부딪혔으므로 조선 정부에서는 천인상응론天人相應論으로 정치적 해결을 모색하였다. 조선에서는 화기가 어그러져 나타난 여기沴氣로 인해 유행병이 발생한다고 이해하였다. 민심이 곧 천심이어서, 민심이 악화되면 자연재해가 발생한다는 사유방식이었다.

따라서 중종은 민심을 얻기 위해서라면 감세減稅와 소방疏放이 유용하다고 판단하였다. 환자[還上]나 형옥刑獄이 민심을 악화시킨다는 사실도 잘 알고 있었다. 물론 오늘의 눈으로 보면 감세와 소방은 바이러스를 없애는 수단이 아니다. 하지만 당시에는 백성들의 경제적 부담을 줄이면서 그들의 마음을 위로하는 데 효과가 충분하였다. 유행병 창궐의 책임을 지배층에서 짊어지는 측면도 존재하였으므로 조선사회의 갈등을 완화시키는 방편이기도 하였다.

그런데 깊이 들여다보면 국왕과 신료들의 입장이 달랐다. 신료들은 국가 재정 형편상 세금 감면을 크게 시행할 수 없다고 주장하였다. 신료들은 환자 감면에 동의하는 수준이었고, 전세田稅 면제에 대해서는 끝까지 반대하였다. 또한 형벌 사면으로 죄수가 석방되는 것이야말로 여기를 야기한다며 대규모 소방에는 난색을 표시하였다.

감세와 소방을 둘러싼 논쟁의 이면에는 국왕과 신료들 사이의 첨예한 견해 차이가 내재해 있었다. 중종은 신료들 탓에 세정稅政이

공평하지 못하게 되었고 형정刑政 역시 과도해지면서 재변이 생겼다고 인식하였다. 신료들도 스스로의 직분을 제대로 닦아야 한다는 게 중종의 판단이었다.

반면 신료들은 형벌과 세금에는 문제가 없으며, 감선철악을 비롯한 국왕의 공구수성이 부족하여 화기가 흐트러졌다고 인식하였다. 똑같은 천인상응론이지만 그 구체적인 방책에서는 국왕의 공구수성이 중요한지 신료들의 엄격한 직분 수행이 시급한지에 대해 견해가 달랐던 것이다. 유행병 창궐을 기회로 왕권 집중을 견제하려는 신료들의 입장과 천재지변을 이용하여 신료들 통제를 강화하려는 국왕의 입장이 정면충돌하는 장면이었다.

그렇다면 이 3단계에 입거는 어떻게 진행되었을까? 이미 입거정책의 추진 과정에서 입거의 기준, 절차, 범위가 점차 느슨해지고 있었다. 가장 주목되는 점은 사족士族이라고 부르는 지배층의 평안도 입거를 면제한 일이었다. 사족을 이주시켜 봐야 변방을 채우지도 못하고 그저 욕되게 만들 뿐이라는 명분을 내세웠다. 국왕도 신료들도 모두 국가와 백성을 위한다고 말하였으나, 결국 평안도를 다시 채우는 사람들은 사족·토호층이 아니라 천민·평민 신분의 일반 백성들이었다.

참고문헌

1. 자료

『高麗史』.

『高麗史節要』.

『朝鮮王朝實錄』(定宗, 太宗, 世宗, 文宗, 端宗, 成宗, 燕山君, 中宗, 明宗).

『國朝五禮儀』.

『經國大典』.

『經國大典註解 後集』.

『新增東國輿地勝覽』.

『三綱行實圖』.

『三峯集』.

『陽村先生文集』.

『四佳集』.

『梅月堂集』.

『佔畢齋集』.

『栗谷全書』.

『攷事撮要』.

『鄕藥救急方』.

『鄕藥集成方』.

『醫方類聚』.

『簡易辟瘟方』.

『分門瘟疫易解方』.
『高麗圖經』.
『說文解字注』.

2. 단행본

金斗鍾, 『韓國醫學史』, 探求堂, 1966.
金信根 編著, 『韓醫藥書攷』, 서울대학교 출판부, 1987.
김영미 외, 『전염병의 문화사 -고려시대를 보는 또 하나의 시선-』, 혜안, 2010.
金澈雄, 『韓國中世 國家祭祀의 體制와 雜祀』, 韓國研究院, 2003.
_____, 『고려시대의 道敎』, 경인문화사, 2017.
다니엘 디포, 박영의 옮김, 『전염병 연대기』, 신원문화사, 2006.
大韓感染學會 편, 『韓國傳染病史』, 군자출판사, 2009.
대한감염학회, 『감염학』(개정판), 군자출판사, 2014.
대한예방의학회 편, 『예방의학과 공중보건학』(1판), 계축문화사, 2010.
대한예방의학회 편, 『예방의학과 공중보건학』(2판 수정증보판), 계축문화사, 2015.
孫弘烈, 『韓國中世의 醫療制度研究』, 修書院, 1988.
수잔 스콧·크리스토퍼 던컨, 황정연 옮김, 『흑사병의 귀환』, 황소자리, 2005.
안상우·최환수, 『어의촬요 연구 -실전의서 복원총서 I』, 한국한의학연구원, 2000.
오명돈·최강원, 『감염질환』, 혼의학, 2000.
이경록, 『고려시대 의료의 형성과 발전』, 혜안, 2010.
_____, 『조선전기의 의료제도와 의술』, 역사공간, 2020.
李範稷, 『韓國中世禮思想研究』, 一潮閣, 1991.

이 욱, 『조선시대 재난과 국가의례』, 창비, 2009.

정은주, 『조선시대 사행기록화』, 사회평론, 2012.

정재훈, 『조선전기 유교 정치사상 연구』, 태학사, 2005.

존 켈리, 이종인 옮김, 『흑사병시대의 재구성』, 소소, 2006.

한보식, 『韓國年曆大典』, 영남대학교출판부, 2001.

韓亨周, 『朝鮮初期 國家祭禮 硏究』, 一潮閣, 2002.

三木榮, 『朝鮮醫學史及疾病史』, 自家 出版, 1963.

3. 논문

고상현, 「고려시대 수륙재 연구」, 『선문화연구』 10, 한국불교선리연구원, 2011.

권복규, 「朝鮮前期의 역병 유행에 관하여」, 『韓國史論』 43, 서울대학교, 2000.

김갑동, 「고려시대 巫俗信仰의 전개와 변화」, 『역사와 담론』 78, 호서사학회, 2016.

金南柱, 「高麗時代에 流行된 傳染病의 史的 硏究」, 서울대학교 박사학위논문, 1988.

김수연, 「민영규본 『범서총지집(梵書摠持集)』의 구조와 특징」, 『韓國思想史學』 54, 한국사상사학회, 2016.

____, 「고려시대 밀교 치유 문화의 양상과 특징」, 『醫史學』 30(1), 대한의사학회, 2021.

金 澔, 「朝鮮前期 對民 醫療와 醫書 編纂」, 『國史館論叢』 68, 국사편찬위원회, 1996.

박경안, 「고려인들의 다양한 금기와 질병을 대하는 태도」, 『역사와 현실』

59, 한국역사연구회, 2006.

박경안, 「고려시대 무(巫)의 종교적 역할과 분화」, 『東方學志』 184, 연세대학교 국학연구원, 2018.

卞廷煥, 「朝鮮時代의 疫病에 關聯된 疾病觀과 救療施策에 관한 硏究」, 서울대학교 박사학위논문, 1984.

宋洚禎, 「高麗時代 疫疾에 대한 硏究 -12·13世紀를 中心으로-」, 명지대학교 석사학위논문, 1999.

沈曉燮, 「朝鮮前期 水陸齋의 設行과 儀禮」, 『東國史學』 40, 동국역사문화연구소, 2004.

윤순옥·황상일, 「고려사를 통해 본 한국 중세의 자연재해와 가뭄주기」, 『한국지형학회지』 17(4), 한국지형학회, 2010.

이경록, 「조선전기 『의방유취』의 성취와 한계 -'상한'에 대한 인식을 중심으로-」, 『한국과학사학회지』 34(3), 한국과학사학회, 2012.

_____, 「조선 중종 19~20년의 전염병 창궐과 그 대응」, 『중앙사론』 39, 중앙대학교 중앙사학연구소, 2014.

_____, 「몸의 소비: 조선전기의 인육치료」, 『의료사회사연구』 4, 의료역사연구회, 2019.

_____, 「고려시대의 중국 의학지식 도입과 그 추이 -신효결명산(神效決明散)을 중심으로-」, 『泰東古典研究』 46, 한림대학교 태동고전연구소, 2021a.

_____, 「고려시대의 유행병 대응과 그 성격」, 『역사학보』 252, 역사학회, 2021b.

이현숙, 「고려시대 역병에 대한 인식 -질진·장역·온역을 중심으로-」, 『韓國思想史學』 30, 한국사상사학회, 2008.

이현숙, 「고려 불교 의학의 한 단면 -승려의 질병과 치료-」, 『한국중세사연구』 48, 한국중세사학회, 2017.

崔先惠, 「조선초기 태조·태종대 醮祭의 시행과 왕권 강화」, 『韓國思想史學』 17, 한국사상사학회, 2001.

최종성, 「儒醫와 巫醫 -유교와 무속의 치유-」, 『종교연구』 26, 한국종교학회, 2002.

한상길, 「조선전기 수륙재 설행의 사회적 의미」, 『韓國禪學』 23, 한국선학회, 2009.

韓定燮, 「佛敎 符籍信仰 小考 -특히 密敎符를 중심하여-」, 『韓國佛敎學』 2, 한국불교학회, 1976.

홍윤식, 「불교행사의 성행」, 『한국사』 16, 국사편찬위원회, 1994.

4. 인터넷 자료

국사편찬위원회(https://history.go.kr)

국회법률정보시스템(https://likms.assembly.go.kr/law)

서울대학교 규장각한국학연구원(https://kyudb.snu.ac.kr)

한국고전번역원(https://itkc.or.kr)

한국역대인물종합정보시스템(http://people.aks.ac.kr)